Manus
实用操作指南：

实战案例版

孙健　孙志华　著

台海出版社

图书在版编目（CIP）数据

Manus 实用操作指南 : 实战案例版 / 孙健著 ; 孙志华著 . -- 北京 : 台海出版社 , 2025. 4. -- ISBN 978-7-5168-4191-4

Ⅰ . TP18-62

中国国家版本馆 CIP 数据核字第 2025WV6345 号

Manus 实用操作指南 : 实战案例版

著　　者: 孙　健　孙志华

责任编辑: 魏　敏

封面设计: 呦鹿 1015838109@qq.com · 永有熊

出版发行: 台海出版社

地　　址: 北京市东城区景山东街 20 号　　邮政编码: 100009

电　　话: 010-64041652（发行，邮购）

传　　真: 010-84045799（总编室）

网　　址: www.taimeng.org.cn/thcbs/default.htm

E - mail: thcbs@126.com

经　　销: 全国各地新华书店

印　　刷: 河北翔驰润达印务有限公司

本书如有破损、缺页、装订错误，请与本社联系调换

开　　本: 710 毫米 ×1000 毫米　1/16

字　　数: 185 千字　　印　　张: 15.5

版　　次: 2025 年 4 月第 1 版　　印　　次: 2025 年 4 月第 1 次印刷

书　　号: ISBN 978-7-5168-4191-4

定　　价: 69.80 元

前言

PREFACE

近几年，人工智能的进步以指数级的速度发展。我们见证了ChatGPT（全称Chat Generative Pre-trained Transformer，一款聊天机器人模型）的震撼登场，以及Midjourney（绘画工具）等AI（全称Artificial Intelligence，即人工智能）工具在艺术创作领域所展现出的非凡能力，也开始尝试让AI协助编程、写作、分析数据，甚至进行智能决策。随着Manus的出现，这款全球首款通用型AI Agent（人工智能体，指能主动思考和行动的智能体）在权威的GAIA（全称Gencral AI Assistants）基准测试中全面超越了OpenAI的Deep Research（智能体产品），尤其是在处理复杂任务上展现出显著优势，登上榜首。Manus不仅首次实现了全流程自动化，还标志着人工智能领域的发展进入了一个新的阶段。与此同时，DeepSeek（AI助手工具）的推出也引发了广泛讨论，特别是在智算中心建设方面，预示着AI技术从“感知智能”向“行动智能”的重大转型。这一切似乎都在昭示着一个不可逆转的趋势，通用人工智能（Artificial General Intelligence，简称AGI）的时代已经到来。

面对这场变革，我们应该如何自处？是继续像以往的技术革命那样，站在岸边静观其变，直至被浪潮席卷而被动接受，还是主动出击，成为引领这场变革的弄潮儿？当你翻开这本书时，或许你心中已经有了答案。站在科技革命的最前沿，AGI 正以前所未有的速度释放其变革潜能。当这项技术不断突破人类的认知边界时，我们既为它描绘的蓝图心潮澎湃，又不可避免地陷入对未知的深度思索中。作为人工智能领域的从业者，我深知大家内心的焦虑与困惑，而这些问题，也正是我创作本书的初衷。

本书专为那些希望在 AI 时代抢占先机的读者量身定制。它既是 AGI 知识的百科全书，也是实战手册，引领你亲手打造智能体，将 AI 从遥不可及的“黑箱”转变为触手可及的生产力引擎。我坚信，AGI 不应是技术专家的专属领域，而应成为人人皆可驾驭的工具，让科技的甘霖惠及每一个普通人。

若你仅满足于 ChatGPT、Midjourney、Claude（大型语言模型）、DeepSeek 等工具，便会发现，尽管 AI 十分强大，但其能力仍有诸多局限。与传统 AI 不同，AGI 能够完全贴合用户需求，自动化执行复杂任务，并深度整合到工作流中，直接交付出用户想要的工作成果。Manus 作为全球首个通用性 AGI，可以给出让我们满意的答卷。如果 Manus 无法完全契合个人的定制化需求，那么，通过搭建属于自己的 AGI，我们便能够实现这一目标。未来，AGI 不仅是科技企业的专属，还是每个人都可以拥有的智能体。本书正是在教你如何轻松实现这一点。

本书的三大核心价值，能让你从 AI 用户变成 AI 创造者。

此书不仅超越了传统技术手册的范畴，更引领读者踏上一场系统化、以实战为导向且着眼未来的 AGI 学习探索之旅。我们的宗旨是，助力你从 AI 的使用者华丽蜕变为能够创造、优化乃至部署 AI 的创新引领者。

（1）零基础可上手，掌握 AGI 的核心能力

从 AGI 的基础概念开始，帮助你理解 AGI 与传统 AI 的区别，AGI 的核心能力（推理、规划、跨任务学习），并通过 Manus 智能体，让你快速体验 AGI 的强大。

（2）实战驱动，23 个应用案例，直接落地

再先进的理论，也需付诸实践。本书精心收录了多个场景化的实战案例，涵盖招聘、市场营销、投资分析等众多领域，为读者提供了丰富的实践案例。这些案例不仅基于理论，更是可实施的解决方案，供你直接使用，并根据需求进行个性化调整。

（3）从工具到系统，掌握 AGI 的完整搭建方法

本书的独特之处在于，不仅带你入门 AI，还手把手教你如何搭建一个属于自己的 AGI 智能体。本书深入剖析了 Manus、扣子（以下使用 Coze，一个 AI 聊天机器人和应用程序编辑开发平台）等智能体构建方案，助你从零起步，循序渐进地打造一个功能强大的 AGI 助手。

科技创新的历史不断证明，那些敢于探索和行动的人，正是推动社会进步和变革的先驱。正如瓦特改良蒸汽机推动了工业革命一样，

那些最早掌握机械技术的人成了工业革命的先驱。类似地，互联网技术的兴起和数字化催生了互联网时代的巨头，这些巨头们利用技术革新引领了新的社会分配方式。如今，AGI 正在掀起新的生产力革命。站在这个历史的转折点上，我们每个人都面临着一个选择，是成为旁观者，还是成为智能时代的创造者？我相信，每一位翻开这本书的读者，都希望成为创造者中的一员。

每一次技术革新都会带来新的机遇，同时也会使得旧的模式被淘汰。虽然无法阻挡时代的洪流，但我们可以让自己成为潮流的推动者。AI 不会淘汰人类，但会淘汰不懂 AI 的人。我衷心希望，这本书能成为你进入 AGI 世界的起点，让你拥有驾驭 AI 的能力，成为这个智能时代的创造者。

未来已来，你准备好了吗？

目录
CONTENTS

第三章

Manus 让生活更智能

第四章

Manus 学习进化引擎

第五章

Manus 工作效率大革命

第六章

从 Manus 到 Coze，打造你的专属 AGI 助手

第一章

Manus 彻底刷新你对 AI 的看法

欢迎来到一个充满无限可能的人工智能新世界。在这个科技飞速进步的时代，Manus 智能体作为首款通用型智能体横空出世，迅速吸引了全球的目光，成为热议的焦点。AGI 这一概念也因此受到了前所未有的关注和追捧，成为科技领域的新宠儿。接下来，我将为你揭开 AGI 的神秘面纱，带你一窥其中的奥秘，让你更深入地了解这个令人兴奋的处于科技前沿的领域。

AGI，是一种具备广泛认知能力的人工智能系统，能在多种任务和环境中展现出接近人类的智能水平。与传统的狭义人工智能不同，AGI 不仅仅局限于特定的领域或任务，而是能够理解和学习各种各样的知识和技能，具备广泛的适应性和灵活性。

Manus 的出现，无疑为 AGI 的研究和应用注入了新的活力。这款智能体不仅在技术上取得了重大突破，更在实际应用中展现出了惊人的潜力。Manus 作为一款 AI Agent，不仅在智能家居控制、数据分析、医疗诊断和教育辅导等领域表现出色，而且在网页设计、报告生成、PPT 制作等任务中也展现出强大的理解和执行能力，为人类的生活和工作带来革命性的改变。

随着 AGI 技术的不断进步，我们有充分的理由相信，未来的世界将迈向更高层次的智能与高效。人工智能将突破简单、重复性工作的局限，胜任更多复杂且富有创造性的任务，为人类社会的进步提供强大的动力。

总之，AGI 作为人工智能领域的璀璨新星，正以惊人的速度重塑我们的世界。通过深入探究 AGI，我们将更精准地把握科技发展的脉搏，迎接一个更加智能、光明的未来。

1 AGI 和传统 AI，从根本上就不一样

随着 DeepSeek 的火爆，人工智能迅速从少数人的领域跃入大众视野。在短短两个月内，Manus 这一全新名词也迅速崛起，成为人们热议的焦点。Manus，源自拉丁语“手”，代表“手脑并用”，象征着其作为全球首个通用性 AGI 的定位。它不仅能够独立思考、规划并执行复杂的任务，而且在基础任务的测试中，Manus 的表现已经相当于人类水平。AI 与 AGI 之间究竟有何差异？网络上备受赞誉的 Manus 与 DeepSeek，它们之间究竟有何不同？

AI 是一种使计算机能够模拟、扩展甚至执行人类智能活动的技术。它通过先进的算法、海量数据和强大的计算资源，不仅能够完成感知、学习、决策和执行等任务，还能够进行复杂的推理和理解。例如，有关推理人工智能技术的研究正在推动机器在缺乏充分数据的情况下，通过逻辑推理得出结论，这在医疗、金融和自动驾驶等领域具有广泛的应用潜力。此外，有关组合关系推理能力的研究表明，尽管目前的大型语言模型在处理复杂关系推理任务时存在缺陷，但通过新的基准测试框架，研究者正在努力提高模型在这一领域的表现。

DeepSeek 就是一个 AI 工具，简而言之，它就像一个被严格限定的“超级计算器”，仅能执行算术和推理等特定任务，对于其他工作则

无能为力。比如，你教它识别猫的照片，它就会通过数据收集、数据处理、搭建模型等方式来识别猫的照片，但它不会识别狗的照片，除非你再教它一次。AI 的能力显得颇为“单一”，局限于特定领域。

AGI 则不同，它属于一种能够跨越多任务边界、具备高度自适应和推理能力的智能系统。这种系统超越了特定任务的限制，能够在未知任务面前进行自主决策和创造性地解决问题。Manus 就是一个 AGI，它如同人类的得力助手，能够协助人们应对各种挑战与任务。比如，它可以帮你处理文档、做决策，甚至管理整个公司的运营。Manus 不仅擅于执行单一任务，还能在多任务间灵活切换，宛如一位真正的“机器同事”，时刻为人们解决难题，提供助力。AGI 的能力展现出极高的“通用性”，它就像一位无所不能的全能学生，无论是数学、语文、历史，还是物理，都能轻松应对，游刃有余。它不仅能忠实执行你的指令，还能自主思考、学习新知，甚至在未获得指示时，也能独立寻找解决方案。

表 1-1 为 DeepSeek 和 Manus 核心技能的对比，该表也可以体现出 AI 和 AGI 最大的差别。

表 1-1　DeepSeek 和 Manus 的对比

	DeepSeek	Manus
类型 特性	特定任务 AI（AI）	通用人工智能（AGI）
能力范围	专注于单一任务或特定领域（如推理、数据分析等）	跨任务、跨领域的通用能力（如理解、生成、执行等）

续表

类型 特性	DeepSeek 特定任务 AI（AI）	Manus 通用人工智能（AGI）
灵活性	低：只能在预设的范围内工作	高：能够自主学习和完成新任务
学习方式	依赖大量数据和明确的指令	自主推理和跨任务学习
比喻	像“超级计算器”或“超级大脑”	像“全能助手”或“手”
应用场景	数据分析、推理、特定任务优化	跨领域任务（如文档处理、决策支持、生产优化等）
自主性	低：需要人类下达明确指令	高：能够自主决策和创造性解决问题
复杂性	解决特定问题的能力强，但无法跨领域	能够处理复杂、多变的任务
示例	解答数学题、分析数据、生成文本	管理公司运营、跨领域知识整合、实时决策支持
未来潜力	在特定领域持续优化	推动全面创新，改变产业格局

AGI 融合了理解、生成与执行三大核心能力，在日常应用中彰显出卓越的效率与成本优势。以 Manus 为例，它通过自动化文档处理与决策支持功能，大幅削减了重复性的人力投入，在文档管理、旅行规划、教育创作等领域显著提升了企业或个人的运营效能。随着人工智能技术的迅猛发展，决策支持系统已经得到了广泛的应用。这些系统利用大数据、机器学习、自然语言处理等技术，为决策者提供信息和分析

工具，帮助其制定科学有效的决策。例如，在金融领域，AI 技术通过分析大量数据进行风险评估和预测，辅助金融机构制定风险控制策略；在医疗领域，AI 技术通过分析医疗数据提供精确的诊断和治疗建议。这些应用不仅助力企业或个人在复杂多变的业务环境中应对自如，更彰显了 AI 在智能决策支持领域的无限潜能。

未来，AGI 将像我们的同事一样，成为我们日常生活和工作中的重要伙伴。它不仅能高效助力我们完成复杂任务，还具备自我学习与独立思考的能力，更能创造性地提出新颖的解决方案。AGI 的出现将带来生产力的巨大提升，改变全球的产业格局，开启人与智能机器和谐共存的新时代。

2 Manus，全流程智能助手，让你轻松应对一切

Manus 是一个全流程智能助手，它犹如一位全能天才助手，为用户提供了从信息获取到执行任务的全新体验。

首先，Manus 在用户意图的理解方面展现出非凡的能力，仿佛拥有隐形的思维捕捉术。无论用户输入简单请求还是复杂求解，它都能凭自然语言处理技术提炼关键信息，迅速反馈精准答案。

其次，Manus 拥有强大的生成能力。深入理解用户需求后，Manus 凭借其卓越的创意策划力，为用户量身定制出别具一格的解决方案。它不局限于提供单一答案，而是通过整合庞大的数据库，以独特而创新的方式提出个性化建议。它犹如始终伴随用户左右的技术顾问，不断学习提升，确保每次服务都令用户满意，并让用户受到启迪。

Manus 的执行能力更是令人叹为观止。它不仅是提供建议的专家，更是一位卓越的实干家，能够根据生成的方案高效自动化地处理各类操作。无论是处理复杂的通信、数据整理分析，还是应对烦琐的日常任务，Manus 皆能化繁为简，显著提升用户的效率与工作质量。

凭借理解、生成与执行三大环节的无缝衔接，Manus 为用户带来了前所未有的便捷体验。

Manus 不仅是一个高效工具，还是用户真正的数字伙伴，为人们的生活与工作带来了显著的价值增长。

学习使用 Manus 可从以下几个方面入手：

① 理解 Manus 的基本工作流程，从任务需求的提出到最终交付的完整过程。

② 通过观看详细的操作演示或查阅文档，学习具体的操作方法，了解如何与 Manus 进行互动。

③ 从简单的任务开始实践，逐步尝试更复杂的应用场景，熟悉系统的信息收集和分析能力。

④ 学习适时介入和接管控制的技巧，在必要时辅助系统解决问题。

⑤ 练习如何灵活地调整任务要求，充分利用系统的任务管理能力。

需要注意的是，Manus 并非适用于所有场景。以下情况，可能需要结合其他工具来完成工作：

① 需要高度精确视觉呈现的项目中，可能存在文字重叠问题。

② 工作任务仅需纯文本信息且对效率要求极高。

③ 频繁需要人工干预的工作。

④ 极其复杂的多任务并行情况。

3 Manus 的三大超能力：推理、规划、跨任务学习

Manus 的到来不仅提前开启了 AGI 时代，而且通过其强大的自主执行能力和全面的应用场景，展现出了非凡的潜力。AGI 之所以备受瞩目，正是因为其具备的核心能力——推理、规划及跨任务学习能力。

例如，Manus 平台通过整合 Anthropic 公司的 Claude 模型和阿里巴巴的 Qwen 模型（大语言模型），实现了技术上的双重保障，显著提升了工作效率和准确性。在金融风控领域，Manus 等 AGI 系统的深度应用，推动风险管理进入"智能涌现"新阶段。这些卓越的技能使得 AGI 在诸多领域相较于传统 AI 展现出显著优势，下面我们就来逐一讲解 AGI 的三大核心能力。

（1）Manus 的推理能力

传统的 AI 系统在处理问题时，就像一个按部就班的员工，只会跟着预先设定的模型和逻辑走；而 AGI 则能够在不确定和动态变化的环境中，自主地进行推理和解决问题。这意味着，AGI 不仅能及时解决现有问题，还能机智地应对新问题，在找出解决问题方法的同时，交

付工作成果。具体来说，这种推理能力使得 AGI 能够从简单的数据和信息出发，得出复杂的结论。AGI 犹如拥有慧眼一般，即便面对信息迷雾或混沌，也能做出精准的判断。

（2）Manus 的规划能力

对于一个 AI 系统而言，要制订一个有效的计划很容易，但是要真正实现目标就算是超纲题目了，要实现预期目标，就好比用左脚去写字，难度堪比让猫学习拉小提琴。而 AGI 技术不仅能够制订详尽的计划，还能交付实际成果。在商业应用中，AGI 相当于一个超能力助理，它在资源分配、风险管理及策略制定等方面，为企业或个人提供了贵宾级别的服务。特别是在金融领域，AGI 的应用正逐渐成为推动行业创新的关键力量。金融机构通过应用 AGI 技术，能够有效发挥数据资源的能力，驱动创新发展。Manus 通过随时调整和优化规划，让企业或个人的工作效率飙升。

（3）Manus 的跨任务学习能力

AGI 能将知识在不同领域之间灵活转换。相比那些只能擅长一个任务的传统 AI，AGI 就像一个多才多艺的艺术家，能把在一个领域学到的技巧用在另一个看似完全不相关的领域。跨任务学习能力使 AGI 成为科技领域的佼佼者，无论是何种场景，它都能大展身手，显著提升人们的工作与生活效率。

AGI 的推理、规划和跨任务学习能力，推动技术革命从不能向无所不能发展。在各个行业中，它也将成为改变游戏规则的大玩家。在商务领域，AGI 能够优化决策流程、提升生产力，并加速创意的产生。在医疗领域，AGI 通过分析大量医学数据和知识库，辅助医生进行疾病诊断、治疗规划和药物选择。例如，东京大学医学研究院利用 Watson（沃森）系统成功诊断罕见疾病。此外，AGI 在影像诊断方面表现出色，如腾讯觅影利用 AI 医学影像分析辅助医生筛查食管癌、肺癌等疾病。而在教育方面，AGI 可以为学生或家长量身定制学习教育路线和辅助学习材料，真正做到因材施教。

总体而言，AGI 在它的广泛适应能力和前瞻性影响方面，简直达到了满分。它不仅能提升效率、推动行业创新，还让我们看到了一个更加智能的未来。

第二章

用 Manus 做副业，赚钱快人一步

Manus 是一款出色的兼职辅助工具，不仅能够帮我们搜集和分析兼职工作机会的数据，评估投入产出比等关键指标，还能让我们的副业之旅变得更加轻松和高效。Manus 利用 AI 技术，帮助我们优化副业时间管理，实现工作与生活的平衡，能有效地提高时间利用率。

此外，Manus 还能帮助我们迅速产出内容。例如，在小红书、抖音等热门自媒体平台上，它能智能分析并优化内容，帮助我们轻松创作出吸引眼球的热门笔记。

Manus 在短视频脚本和分镜设计方面同样表现出色。它能迅速生成高质量的视频脚本和分镜设计，让视频内容更加精彩纷呈、引人入胜。它还支持音频剪辑和智能输出，为音频内容制作提供强大助力。

Manus 拥有强大的 AI 写作功能，使得小说、剧本等创作变得轻而易举。无论你是想创作小说、剧本还是其他文本，Manus 都能提供强大的支持，让你的创作过程充满乐趣。

1

时间管理大师：帮你搞定副业时间规划

要妥善安排主业与副业，首要任务是解决时间管理问题，而 Manus 技术能帮助我们清晰地规划时间。借助这项技术，即便工作再繁忙，副业也能得到恰当安排，从而实现时间的高效利用。这让我们能在有限时间内高效完成更多任务，显著提升工作效率，从而让生活更加轻松、愉快。

Manus 采用先进的算法和智能分析，能根据个人需求定制个性化的时间管理方案。它不仅能帮我们识别出最适合从事副业的时间段，还能根据工作强度和生活习惯智能调整任务优先级和时间分配。因此，即便我们工作再繁忙，也不必担心副业被忽视；时间虽紧，但两者兼顾亦非难事。

有了 Manus 的高效时间管理助力，工作与副业的平衡将变得轻而易举，时间利用得以最大化，烦恼与焦虑也将随之消散。相反，我们将沉浸于高效工作带来的成就感与满足感之中，尽情享受时间自由所赋予的无限可能。

一位职场妈妈正计划在工作的同时，利用人工智能技术来开展副业，如机器学习和数据分析工具，以期达到像其他成功案例中每月收入超过 5 万元的水平。然而，由于时间有限，她发现要想平衡主业、副业与家庭有些困难。为此，她向 Manus 提出了自己的需求。接下来，我们将详细讲解如何利用 Manus 进行高效的时间管理。

步骤 1：登录 Manus，并向它发送需求（人工操作）

首先登录 Manus，在对话框中准确输入需求：你好，我的个人背景如下：主业工作需要坐班，但我热衷搞 AI 副业，同时家里还有一个 6 岁的娃和一个 2 岁的娃。我希望你能够帮我制订一个可落地的时间安排计划，以便能够兼顾主业和副业，同时顾好家庭（可以不限自己的时间，我希望可以协调家中所有人的时间，还可以加上 AI 介入）。这个时间规划方案可以用图文并茂的方式呈现，而且得通俗易懂，让“小白”都能看懂，你可以使用生图工具来作图。

步骤 2：搜集相关数据（系统自动）

Manus 迅速对收到的需求做出响应，并进行全面的分析，考虑用户的职业工作、副业活动及家庭责任，从而制订了一套详尽的时间管理计划，并据此创建了一份待办事项清单（见图 2-1）。

平衡主业、AI 副业和家庭的时间规划方案

任务清单

需求分析

-[ ] 分析用户主业工作情况（坐班工作）

-[ ] 分析用户家庭情况（有一个 6 岁的孩子和一个 2 岁的孩子）

-[ ] 分析 AI 副业的时间需求和特点

-[ ] 确定用户的优先事项和目标

时间管理策略研究

-[ ] 研究适合上班族的时间管理方法

-[ ] 研究育儿与工作平衡的最佳实践

-[ ] 研究副业发展的高效时间分配策略

-[ ] 研究 AI 辅助提升效率的方法

时间分配计划创建

-[ ] 设计工作日时间分配方案

-[ ] 设计周末时间分配方案

-[ ] 设计特殊时期（如假期、孩子生病等）的应急方案

-[ ] 制定家庭成员协作时间表

AI 辅助方案设计

-[ ] 研究 AI 工具在主业中的应用

-[ ] 设计 AI 副业发展的时间优化方案

-[ ] 探索 AI 在家庭管理中的应用

-[ ] 制定 AI 工具使用的优先级和时间表

可视化图表创建

-[ ] 设计每日时间分配图表

-[ ] 设计每周时间分配图表

-[ ] 创建家庭成员协作时间表可视化

-[ ] 设计 AI 工具应用场景图示

▲ 图 2-1　Manus 生成待办事项清单

接下来，Manus 会着手进行网页相关数据的搜索。通过对这些数据的分析，Manus 应用了平衡事业与家庭的策略，不断调整和优化时间管理，最终制定出一个能够兼顾主要工作、AI 副业及家庭责任的时间分配方案（见图 2-2）。例如，它设置了明确的优先级，合理规划时间，确保工作时间和家庭时间都得到充分考虑。同时，Manus 还通过兼职副业来增加收入，提高个人财务自由度，从而更好地平衡工作与家庭的关系。

平衡主业、AI 副业和家庭的时间分配计划

基于五色时间管理法的时间分配框架

五色时间管理法将人的幸福分为五个方面，用不同颜色表示：

- 蓝色：学习 (Learn)——知识获取与成长
- 红色：事业 (Lifework)——创造社会价值
- 绿色：生活 (Life)——健康与自我照顾
- 白色：意义 (Legend)——思考与规划
- 黄色：爱 (Love)——家庭与人际关系

对于一位需要平衡主业、AI 副业和家庭（含一个 6 岁的孩子和一个 2 岁的孩子）的上班族来说，这五种颜色的时间需要合理分配，以实现能量的平衡输入与输出。

工作日时间分配方案

早晨时段 (6：00~9：00)

-**6：00~6：30**：绿色时间——晨间运动或冥想，为一天注入活力

-**6：30~7：30**：黄色时间——陪伴孩子起床、准备早餐、送孩子上学

-**7：30~8：00**：白色时间——规划一天的工作，设定优先级

-**8：00~9：00**：通勤时间——转化为蓝色时间（听有声书或播客）

工作时段 (9：00~18：00)
-**9：00~12：00**：红色时间——主业工作，处理高优先级任务
-**12：00~13：00**：绿色时间——午餐休息，短暂放松
-**13：00~17：00**：红色时间——主业工作，完成日常任务
-**17：00~18：00**：红色时间——工作总结与交接

晚间时段 (18：00~23：00)
-**18：00~19：00**：通勤时间——转化为白色时间（反思工作，构思 AI 副业）
-**19：00~20：30**：黄色时间——家庭晚餐，陪伴孩子
-**20：30~21：30**：黄色时间——辅导 6 岁孩子作业 / 阅读，哄 2 岁孩子睡觉
-**21：30~23：00**：红色时间（副业）——发展 AI 副业

▲ 图 2-2 Manus 生成的时间分配计划

步骤 3：生成时间规划方案（系统自动）

Manus 编制了一份旨在提升时间效率与生活质量的分析报告（见图 2–3）。该报告采用了人工智能技术，通过智能提醒和个性化时间规划，确保了主业、副业与家庭三方面的平衡，并提出了一个基于数据分析的合理时间规划方案（见图 2–4），旨在帮助用户更高效地利用时间。

AI 集成解决方案：提升时间效率与生活质量

基于用户的需求（主业坐班工作、AI 副业和两个孩子），以下是针对不同场景的 AI 集成解决方案，旨在提高时间利用效率，实现工作、副业和家庭的平衡。

主业工作中的 AI 应用

1. 信息收集与整理

-**AI 笔记助手 **：在会议或头脑风暴中使用语音转文字 AI 工具，自动记录并整理会议内容

-** 智能邮件分类 **：设置 AI 邮件助手，自动分类、优先级排序和生成回复模板

-** 文档摘要工具 **：使用 AI 快速总结长文档，提取关键信息，节省阅读时间

2. 工作流程优化

** 任务自动化 **：识别日常重复性工作，使用 AI 工具自动化处理，如 Power AutoMate、Zapier（均为自动化工具）

** 智能日程管理 **：使用 AI 日程助手，如 Reclaim.ai、Motion（均为日程安排工具），自动安排会议和任务，优化工作时间块

** 决策辅助系统 **：利用 AI 分析数据，提供决策建议，减少决策时间和提高准确性

###3. 提升沟通效率

**AI 会议助手 **：使用 AI 工具，如 Otter.ai（人工智能会议记录工具）记录会议内容，自动生成会议纪要

** 智能回复建议 **：在即时通信工具中使用 AI 辅助回复功能，快速处理常见问题

** 跨语言沟通 **：使用 AI 翻译工具实时翻译，提高与国际同事的沟通效率

家庭管理中的 AI 应用

1. 家务与日常管理

** 智能家居系统 **：通过语音控制灯光、温度、安全系统等，减少手动操作时间

** 家庭物资管理 **：使用 AI 库存管理工具记录家庭物资，自动生成购物清单

** 膳食规划助手 **：根据家庭成员的喜好和营养需求，AI 自动生成一周膳食计划和购物清单

2. 育儿辅助

**AI 学习伙伴 **：为 6 岁的孩子提供个性化学习内容和互动教育游戏

** 智能监控系统 **：使用 AI 婴儿监视器监控 2 岁的孩子，发现异常情况自动提醒

** 故事生成器 **：使用 AI 根据孩子的兴趣生成个性化故事，丰富亲子阅读时间

▲ 图 2-3　Manus 生成的提升时间效率与生活质量的分析报告

平衡主业、AI 副业和家庭的时间规划方案

在当今快节奏的生活中，平衡主业工作、副业发展和家庭生活是许多人面临的重大挑战。特别是对于一位热衷于 AI 副业，同时需要照顾两个年幼的孩子（6 岁和 2 岁）的需要坐班的工作者来说，这种平衡显得尤为重要。本文将基于五色时间管理法，结合 AI 辅助工具，为您提供一套可落地的时间规划方案，帮助您在工作与家庭之间找到平衡点，同时发展自己的 AI 副业。

五色时间管理法：平衡生活的基础

五色时间管理法是一种平衡生活的理念和高效工作的方法，将人的幸福分为五个方面，用不同颜色表示：

-** 蓝色 **：学习 (Learn)——知识获取与成长
-** 红色 **：事业 (Lifework)——创造社会价值
-** 绿色 **：生活 (Life)——健康与自我照顾
-** 白色 **：意义 (Legend)——思考与规划
-** 黄色 **：爱 (Love)——家庭与人际关系

这种方法主张像配置金钱一样投资时间，将每天的 1440 分钟看作是 1440 个时间元，通过合理分配这些"时间元"到五种不同的色彩中，实现生活的平衡与丰富。

▲ 图 2-4　Manus 生成的时间规划方案

步骤 4：验收成果

Manus 已经圆满完成了清单上的所有任务，现在我们可以通过单击网页来查看最终的成果（见图 2–5）。

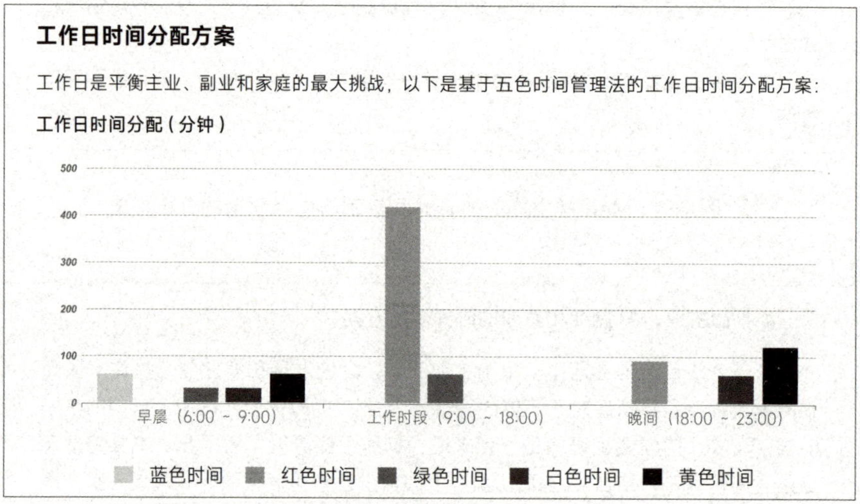

▲ 图 2-5　查看最后的成果

在使用 Manus 的时候，我们应该注意掌握以下技巧。

- 明确需求与任务拆解：在向 Manus 提交需求时，必须清晰地阐述时间管理的目标、限制条件及优先级。准确地输入需求有助于系统精确地拆分任务，并生成可操作的待办事项清单。例如，在输入需求时，应包含以下关键信息：目标（同时兼顾主业、副业和家庭）、限制条件（主业需要坐班，家中有一个 6 岁的孩子和 2 岁的孩子）、优先级（副业的优先级高于家庭娱乐）。Manus 将自动构建出“数据搜集—时间分配—方案生成—结果输出的任务流程链。

- 动态调整与优化：借助 Manus 的实时数据抓取功能，我们可以动态地调整时间分配方案。通过观察 Manus 的工作流程，如果发现生成的进展与我们的需求方向不符，我们可以及时提出调整需求，进行必要的干预。

掌握这些具体步骤和相关技巧后，用户能更有效地利用 Manus 技术，平衡主业、副业与家庭。这样我们不仅能够高效地管理时间，还能在完成工作任务的同时，在副业上取得显著的进展。通过这种方式，我们能够在保持家庭生活的和谐与个人健康的同时，实现多重目标。

2 自媒体爆款“智造机”：打造小红书热门笔记

在小红书上，Manus 可以帮助你分析热门趋势，甚至提供创意灵感。它可以迅速识别哪些话题正流行，哪些元素能够吸引观众。基于这些数据，Manus 能帮助你创作出引人入胜的笔记内容。这样一来，即便是初出茅庐的创作者，也能够迅速获得关注和粉丝，让个人品牌迅速树立起来。

自媒体领域的博主小明，他有着一颗渴望成功的心，希望能够创作出一篇能够引起广泛关注和热烈讨论的“种草”笔记。为实现这一目标，他选择模仿小红书上的热门笔记模式，借鉴其成功元素，以创作出同样具有爆款潜质的“种草”笔记。

步骤 1：登录 Manus，并向它发送需求（人工操作）

在对话框中详尽地描述需求：某链接，这是小红书的笔记发布页面，请你先全网找一找排名，看看小红书上现在流行什么。然后选择一篇比较火的帖子进行模仿，并在小红书后台编辑发布。如果你需要 AI 图片或者视频的内容，你可以在这个网站生成（AI 工具的链接）。

如果你遇到无法登录的情况可以找我托管，最后请交付给我一篇已发布的笔记。

步骤 2：搜集相关数据（系统自动）

Manus 迅速响应需求，提供反馈，并着手检索相关网站。

步骤 3：搜集相关数据（人工操作）

搜索时，Manus 提示登录小红书账号，以便及时操作，避免延误进度。登录完成后，Manus 迅速地展开了下一步工作。

步骤 4：同步文案和图片（系统自动 + 人工操作）

登录小红书账号后，Manus 立即开始分析历史数据，寻找热门笔记的主题趋势，精心筛选相关素材，并据此精心制订出内容创作计划（见图 2–6）。

小红书 AI 创意料理帖子内容计划

帖子主题
“仙境幻宴：人类从未尝过的 AI 奇幻料理”

灵感来源
基于小红书热门的“人类从未出现过的 A1 料理：龙吟四海·剑气来”等帖子，结合当前 AI 创意内容的流行趋势。

创新点

1. 将中国传统神话元素与现代料理概念结合

2. 创造出视觉上极具冲击力的“不可能料理”

3. 加入一些幽默元素，增强互动性和分享欲

文案结构

标题

仙境幻宴 这些 AI 创造的神话料理，让你一秒穿越千年！

开场白

偶然间让 AI 创造了一桌“仙境幻宴”，没想到画面太震撼了！这些料理如果真的存在，你最想尝试哪一道？ #AI 创意 # 奇幻料理 # 神话美食

正文内容

1.** 介绍创意来源 **：

一直很喜欢中国传统神话故事，突发奇想让 AI 创造了一系列神话人物可能会享用的料理，没想到效果太惊艳了！分享给大家。

2.** 展示 3~4 道 AI 创意料理 **，每道料理包含：

- 料理名称（富有诗意和想象力）

- 料理外观描述

- 假想的主要食材和口味

▲ 图 2-6　搜索、整理帖子并生成内容计划

随后，Manus 会着手创建一份集文案与图片于一体的完整文档，以备发布使用。Manus 拥有自动同步文案至小红书账号的功能，但图片的同步仍需手动操作来完成（见图 2-7）。

仙境幻宴：这些 AI 创造的神话料理，让你一秒穿越千年！

偶然间让 AI 创造了一桌“仙境幻宴”，没想到画面太震撼了！这些料理如果真的存在，你最想尝试哪一道？ #AI 创意 # 奇幻料理 # 神话美食

一直很喜欢中国传统神话故事，突发奇想让 AI 创造了一系列神话人物可能会享用的料理，没想到效果太惊艳了！分享给大家。

【蟠桃仙露·九霄甘泉】

传说王母娘娘蟠桃盛宴上的头牌甜品，食用后可延年益寿。半透明的蟠桃外壳包裹着流动的金色琼浆，每一口都能尝到云雾缭绕的清甜。

据说这道甜点是用千年蟠桃精华与九天云露调制而成，入口即化，回味悠长。仙气十足的外观下，藏着让人回味无穷的滋味，难怪连太上老君都忍不住多尝几口。

【龙珠火焰·星辰之味】

龙族至宝，传说中只有在天地交汇之时才能品尝到的神秘料理。表面的龙鳞纹理下是流动的星火，每一口都能感受到宇宙星辰的能量在口中绽放。

这道料理据说是用远古龙息与坠落星辰的精华制成，入口时先是炙热，随后化为丝丝甘甜，最后留下淡淡的星光余韵。据说品尝后能获得龙的智慧与力量，难怪连东海龙王都视若珍宝！

【月桂琼浆·广寒清影】

嫦娥仙子的最爱，每逢中秋佳节才会现世的神秘佳酿。银白色的月光液体上漂浮着精致的桂树枝叶纹理，散发着淡淡的清香。

这道琼浆是用月宫桂树的露水与千年寒冰精华调制而成，入口冰凉却不寒冷，让人回味悠长。据说饮用后能让人心如明镜、思绪清澈，难怪嫦娥仙子千年不老。

▲ 图 2-7 生成文案并已同步到对应的小红书账号上

经过调整，文案与图片已成功同步至账号。

步骤 5：生成热门标题（系统自动 + 人工操作）

标题在小红书笔记推广中扮演着至关重要的角色。Manus 会继续浏览网页，搜集相关数据。为了确保创作的文案风格与用户既往的写作风格保持一致，Manus 要求用户登录，以便能够模仿用户的文风。

若你对创作的文案内容（见图 2–8）感到不满，可进行修改，直到文案达到你的预期为止（见图 2–9）。

小红书热门内容分析报告

热门内容类别
通过浏览小红书页面，我发现以下几类内容在当前特别受欢迎：

1.**AI 创作内容 **：
-AI 绘画作品（如东方绮梦录、科技和国风的碰撞）
-AI 工具使用教程（如豆包一键生成剧本 + 分镜）
-AI 快速 3D 转换（如 Stable Diffusion 快速转 3D）
-AI 创意概念（如用 AI 制作牛奶广告的第一步：对牛弹琴）

2.** 中国传统文化与现代元素结合 **：
- 国风 AI 艺术
- 古风人物与场景
- 传统节日相关内容

3.** 萌宠内容 **：
- 刺猬、猫咪等小动物的日常
- 宠物互动视频

4.** 城市风光与旅行 **：
- 城市景观（如实景插画给城市加点色）
- 旅行体验分享

▲ 图 2-8　创意文案更改前

#AI 创意改造日常物品——内容计划

主题概念

“日常物品的奇幻新生”

使用 AI 技术将普通家居物品转变为充满艺术感和故事性的奇幻作品，展示日常生活中被忽视的物品的无限可能性。

创意方向

选择一个常见但容易被忽视的日常物品，如普通茶杯，通过 AI 技术将其改造成多种奇幻场景和概念作品。茶杯是几乎每个家庭都有的物品，但人们很少关注它的艺术潜力，这使其成为完美的改造对象。

视觉风格

1.** 超现实主义风格 **：将茶杯与不相关元素结合，创造出超出现实的视觉效果

2.** 梦幻色彩 **：使用鲜艳、梦幻的色彩，增强视觉冲击力

3.** 精细细节 **：确保 AI 生成的图像具有高质量的细节和质感

4.** 场景化呈现 **：每个改造后的茶杯都置于特定场景中，增强故事性

创意场景（需要生成的图片）

1. 宇宙飞船茶杯

- 概念：茶杯变身为一艘精致的宇宙飞船，杯把成为飞船的控制塔，杯身成为主舱体

- 场景：飞船悬浮在星云中，底部有基色推进器光芒，周围有小行星和远的星球

- 风格：科幻、未来感、金属质感与温暖灯光的对比

- 提示词参考：精致的瓷茶杯变成宇宙飞船，杯把是控制塔，杯身是主舱体，底部有蓝色推进器光芒，飞行在五彩斑斓的星云中，周围有小行星和遥远的星球，科幻风格，超高清，8K，细节丰富

▲ 图 2-9　创意文案更改后（部分显示）

步骤 6：生成系列文案（人工操作）

若文案质量和标准达标，可授权 Manus 批量生成文案，确保账号文案统一，同时大幅缩减时间，提高笔记撰写效率。

在使用 Manus 的时候，我们应该注意掌握以下技巧。

- 精准需求输入：在向 Manus 提交需求时，必须明确具体目标、参考案例及交付要求。例如：分析小红书当前流行趋势，参考爆款笔记（附上链接），创作包含文案和图片的完整内容。内容需与我们的账号风格相匹配，并最终直接发布到我们的小红书账号上。如果需要 AI 生成图片，可以使用工具链接。在提供账号托管权限时应格外小心，建议先对内容生成效果进行测试。

- 账号风格学习：授权 Manus 分析我们的历史笔记数据，以便实现同类风格仿写。关键步骤包括：登录账号以供 Manus 抓取过往文案的风格（如口语化或专业方向）；提供 3 ~ 5 篇自认为质量上乘的笔记作为风格样本。特别提醒，首次使用时建议进行小范围测试，以避免风格偏差。

- 多模态内容协作技术：实现高效处理图文协同工作。在图片处理方面，优先考虑使用 Manus 推荐的 AI 生图工具（如 Midjourney 提示词库）；手动上传图片时，应按照“封面 + 过程 + 结果”的逻辑顺序进行排序。在文案优化方面，通过轻松活泼等指令快速调整语言风格，并添加自动生成功能以匹配最新热门标签。

- 高阶技巧：复用爆款公式。可以建立个人素材库，将 Manus 生成的爆款笔记保存为模板。

运用上述技巧，能充分发掘 Manus 的潜力，大幅提升内容创作效率和效果。请记住，就像使用其他工具一样，关键在于如何巧妙地利用它，以确保它能够满足我们的特定需求，并有效地推动我们的自媒体账号不断获得更多流量，实现持续的成长和进步。

3 自媒体爆款“智造机”：设计短视频脚本和分镜

在信息爆炸的当下，短视频平台如抖音等已成为自媒体领域中璀璨的明星，吸引了大量用户。通过发布高质量、有趣且有用的内容，以及有效的多账号管理和数据统计，短视频成功捕获了大众的目光，并在娱乐、学习和宣传方面展现出独特的吸引力和便捷性。在众多短视频创作者中，要想创作出新颖且高质量的内容，实属不易。但幸运的是，Manus 的诞生为创作者们点亮了希望之光。

Manus 能够帮助我们构思出极具吸引力的短视频脚本，并提供详尽的分镜头脚本，让我们在拍摄前就能清晰地看到每个镜头的构图和拍摄流程。Manus 的智能分析功能，使我们能够迅速捕捉观众兴趣，精准制作符合市场需求的视频内容。此外，Manus 还提供了丰富的创意建议，助力我们在策划与制作中持续创新，确保内容多样且引人入胜。借助 Manus，我们可以轻松制作出高质量的短视频，不仅能够吸引大量观众，还能帮助我们积累更多的粉丝。

短视频博主小明想要通过创作有趣且富有创意的内容来吸引更多的粉丝，他希望制作出既能够引起观众共鸣又能展示自己独特风格的视频，那让我们一起来看看如何运用 Manus 一键生成短视频脚本和分镜设计。

步骤 1：登录 Manus，并向它发送需求（人工操作）

登录 Manus 提出具体需求，要尽量描述得详细准确：建立一个一站式 AI 视频制作平台：1. 根据 DeepSeek 对张爱玲的散文《爱》的分析写一段极具影视镜头感的分镜脚本；2. 将分镜脚本改写为画面风格统一的 Midjourney 提示词，要求风格写实，高清细节，带统一的尺寸和风格参数；3. 借用 Midjourney 生成分镜画面供我选择，等我选好觉得满意的画面再进入下一步；4. 将我认为可以的分镜画面提供给可灵进行视频生成，且我会对生成的视频进行选择；5. 将我觉得不错的视频生成片段并剪辑成片，建议使用剪映。

Manus 根据我们提出的需求，精心编制了一份待办事项清单（见图 2-10），并全面检索了张爱玲的散文《爱》，以收集相关信息（见图 2-11）。

```
# 一站式 AI 视频制作平台任务清单

## 分析与脚本创作
-[ ] 使用 Deepseek 分析张爱玲的散文《爱》
-[ ] 创建具有影视镜头感的分镜脚本

## 图像生成
-[ ] 将分镜脚本转换为 Midjourney 提示词（写实风格，高清细节，统一尺寸和风格参数）
-[ ] 提供 Midjourney 提示词给用户，等待用户使用 Midjourney 生成画面
-[ ] 收集用户选择的分镜画面
```

视频生成

-[ ] 将选定的分镜画面提供给可灵进行视频生成

-[ ] 收集用户选择的视频片段

视频剪辑

-[ ] 使用剪映将选定的视频片段剪辑成完整作品

-[ ] 交付最终成品视频

▲ 图 2-10　Manus 生成待办事项清单

爱

这是真的。

有个村庄的小康之家的女孩子，生得美，有许多人来做媒，但都没有说成。那年她不过十五六岁罢，是春天的晚上，她立在后门口，手扶着桃树。她记得她穿的是一件月白的衫子。对门住的年轻人同她见过面，可是从来没有打过招呼的，他走了过来，离得不远，站定了，轻轻地说了一声："噢，你也在这里吗？"她没有说什么，他也没有再说什么，站了一会儿，各自走开了。

就这样就完了。

后来这女子被亲眷拐子，卖到他乡外县去作妾，又几次三番地被转卖，经过无数的惊险的风波，老了的时候她还记得从前那一回事，常常说起，在那春天的晚上，在后门口的桃树下，那年轻人。

于千万人之中遇见你所遇见的人，于千万年之中，时间的无涯的荒野里，没有早一步，也没有晚一步，刚巧赶上了，那也没有别的话可说，唯有轻轻地问一声："噢，你也在这里吗？"

▲ 图 2-11　搜索张爱玲的作品，并收集信息

步骤 2：生成脚本和分镜图片（系统自动）

Manus 着手根据散文内容分析情感，并开始为脚本镜头的创作做准备（见图 2-12）。随后，它着手制作分镜头脚本（见图 2-13），并基于脚本内容，精心设计出 Midjourney 可识别的统一风格提示词（见图 2-14）。凭借这些精准的提示词，它成功生成了对应的 AI 分镜画面。

```
"情节分析": {
    "概述": "《爱》讲述了一个村庄小康之家的美丽女孩与对门年轻人的一次短暂相遇，以及这次相遇在女孩一生中的深远影响。"
    "关键转折点": [
        "春天晚上后门口桃树下的初次相遇"
        "年轻人轻声问候：'噢，你也在这里吗？'"
        "女孩被亲眷拐卖，几经转手"
        "老年时仍然记得并常常提起那次短暂的相遇"
    ]
},
"人物分析": {
    "女孩": {
        "特点": "美丽、年轻（十五六岁）、沉默、敏感、记忆深刻"
        "服饰": "月白的衫子"
        "命运": "被拐卖为妾，几经转手，经历风波"
    },
    "年轻人": {
        "特点": "邻居，含蓄，简单一句问候蕴含深意"
        "行为": "主动走近，轻声问候，短暂停留后离开"
    }
},
"情感元素": {
    "瞬间的心动": "简单的问候背后是两颗年轻心灵的相互感应"
```

“永恒的怀念”：“女孩终生难忘这一刻，成为她生命中的精神支柱”
“命运的无常”：“美好的可能被残酷现实打破，一生的遗憾”
“爱的本质”：“爱可能只是生命中的一瞬相遇，却能照亮整个人生”
},
“视觉场景”：{
“春天的晚上”：“暮色中的乡村，温柔的光线”
“后门口的桃树”：“可能是开着粉色的桃花，象征青春和爱情”
“月白的衫子”：“清雅的颜色，映衬女孩的纯真美丽”
“两人的站立姿态”：“保持一定距离，含蓄而有张力”

▲ 图 2-12　分析情感

#《爱》分镜脚本

场景一：春日暮色中的村庄

** 镜头 1**(远景)

暮色中的乡村，炊烟袅袅，桃花盛开。春天的晚霞映照着村庄的屋舍，温暖而宁静。

** 镜头 2**(中景)

一座小康人家的院落，后门通向村外的小路，门口有一棵盛开的桃树，粉色的花朵在微风中轻轻摇曳。

* 镜头 3**(特写)

桃花在晚风中摇曳，花瓣偶尔飘落。

场景二：少女与桃树

** 镜头 4**(中景)

十五六岁的少女站在后门口，手轻扶桃树树干。她穿着月白色的衫子，肤色如玉，在暮色中显得格外清丽脱俗。

** 镜头 5**(特写)

少女的手指轻触桃树粗糙的树皮，指尖微微用力，流露出一丝不安与期待。

** 镜头 6**(特写)

少女的侧脸，安静而美丽，眼神中带着青春的懵懂和向往，长发被晚风轻轻拂动。

场景三：年轻人的出现

** 镜头 7**(远景)
对面院落的门口, 一个年轻人缓步走出, 目光不经意间投向少女所在的方向。

** 镜头 8**(主观镜头)
从年轻人的视角，看到少女站在桃树下的身影，月白色的衣衫在暮色中若隐若现，如同一幅水墨画。

▲ 图 2-13　生成分镜镜头脚本

#Midjourney 提示词——《爱》分镜

通用参数
所有提示词都将使用以下统一参数:
- 尺寸：--ar 16：9
- 风格：--style raw--stylize 0
- 质量：--q 2
- 版本：--v 6

场景一：春日暮色中的村庄

镜头 1(远景)
中国 20 世纪 30 年代，乡村黄昏景色，炊烟袅袅，桃花盛开，温暖的晚霞映照着传统村庄的屋舍，宁静祥和的氛围，写实风格，高清细节，电影感，--ar 16：9 --style raw--stylize 0 --q 2 --v 6

镜头 2(中景)
中国 20 世纪 30 年代，小康人家的院落，后门通向村外小路，门口有一棵盛开的桃树，粉色花朵在微风中摇曳，黄昏光线，写实风格，高清细节，电影照，--ar 16：9 --style raw--stylize 0 --q 2 --v 6

镜头 3(特写)
特写镜头，桃花在晚风中摇曳，花瓣偶尔飘落，温暖的黄昏光线穿过花瓣，20 世纪 30 年代中国乡村风格，写实风格，高清细节，电影感，--ar 16：9 --style raw--stylize 0 --q 2 --v 6

▲ 图 2-14　生成 Midjourney 提示词

步骤 3：自动生成视频（系统自动）

Manus 依据精确的分镜图，生成对应的视频序列，即将图片转化为逐帧图像，进而合成完整的视频。最终，Manus 成功输出了我们所需的交付视频，我们只需通过 Manus 平台即可轻松下载该视频。

在使用 Manus 的时候，我们应该注意掌握以下技巧。

精准需求输入：通过结构化方式表达需求，建议采用“目标 + 步骤 + 参数”的格式，以明确每个环节的具体输出要求。

例如，制作《爱》的短视频步骤：

① 制作分镜脚本（内容需包括镜头角度、时长、台词）。

② 将脚本转换为 Midjourney 提示词（参数：--ar 16：9 --style raw）。

③ 生成分镜图（提供 3 个版本供选择）。

④ 进行视频合成（使用工具：可灵 + 剪映，确保视频时长不超过 30 秒）。

关键参数确定：必须明确指定风格参数（如写实风格，4K 分辨率细节）、尺寸比例（如 16：9）及整个制作流程中所使用的工具链（Midjourney—可灵—剪映）。

遵循这些详尽的步骤，我们便能充分利用 Manus 这一出色的工具，创作出令人瞩目的短视频。这些短视频不仅能够轻易吸引观众的注意力，还能帮助我们迅速积累大量粉丝。Manus 的智能分析和创意灵感助力短视频制作，过程轻松、高效，内容更吸引人，能加速目标的达成。

4 自媒体爆款“智造机”：一键生成音频 + 文案混合新媒体素材

在当今自媒体领域，要想迅速打造出爆款内容，仅仅依靠单一的文案或者视频已经无法满足广大博主和粉丝们日益多元化的需求，Manus 这款智能工具应运而生。它能够根据我们的多样化需求，生成各种形式的多媒体内容，包括文案、视频、音频等。例如，Manus 能够独立思考、规划并执行复杂任务，直接交付完整的成果，这在 2025 年多媒体创作工具行业深度研究分析报告中被提及。该报告指出，用户对多媒体内容的需求日益多样化，推动了多媒体创作工具的快速发展。通过 Manus 的帮助，我们创作的内容将变得更加丰富多彩，更具吸引力，从而在激烈的自媒体竞争中脱颖而出。这将增强品牌影响力，推动自媒体事业发展，实现更大的成功。

小明有一个想法，他希望能够通过一个简单的操作，一键生成既包含音频又融合了文案的新媒体素材，这样可以大大提升他制作内容的效率，接下来我们就用 Manus 来试一试。

步骤 1：登录 Manus，并向它发送需求（人工操作）

登录 Manus 平台，在对话框中提出你的需求：帮我写一篇图文并茂的公众号文章，介绍我体验 Manus 的整个过程，标题和整体写作风格参考写 AI 的数据榜的前五名的公众号。下面是我的几次测试过程：① 让 Manus 生成三段视频并配上音乐剪辑成一条（链接）。② 在 GitHub（软件项目托管平台）上克隆并运行 VITS（一个语音合成系统）项目生成一段 Manus 自我介绍的语音（链接）。③ 从一个网站上抓取全球各地的摄像头，并且部署成一个可以在线点击查看全球各地实况网站（链接），深入过程中去找需要用到的部分，可以截图或者摘抄。这是我的三个体会：① 刚做出来的时候手都在抖，别看今天只是红黄蓝的三个小球在跳动，但加上算力和工具复利的增长，我不敢想象一年后会是什么样子。② 视频已经完成了，音频的自动生成也基本上实现了，虽然同样稚嫩（展示一下三段音频），但同样值得期待。③ 作为一个技术“菜鸟”，已经可以通过 Manus 这双“手”去完成我脑子里才有的网站部署，未来如果再加上具身智能，我相信它们能帮我们做的更多。

表达的核心观点，不用对应几个例子：① AI 已经从帮我们“想”进化到可以帮我们“做”了，我们即将进入到 AI 协作时代。② 你使用 Manus 想做的第一件事情，大概率就是你未来十年将努力做的事情。③ 产品只是初代模型，但我们应该为每一次人类的创新鼓掌，毕竟留给人类创新的机会不会太多了。

随后，参照我们提供的需求待办事项清单（见图 2-15）。接着，Manus 将根据你提交的需求，搜索网络上的相关素材。

Manus 体验公众号文章撰写任务清单

需求分析

[×] 创建项目目录和任务清单

[ ] 分析用户提供的三个 Manus 测试案例

[ ] 确定文章核心观点和结构

研究参考

[ ] 搜索并研究 AI 数据榜前五名公众号

[ ] 分析其标题特点和写作风格

[ ] 整理参考素材

内容收集

[ ] 分析案例 1: 生成三段视频并配音乐剪辑

[ ] 分析案例 2: 克隆运行 VITS 项目生成语音

[ ] 分析案例 3: 抓取全球摄像头并部署网站

[ ] 整理用户体验感受和核心观点

素材准备

[ ] 从提供的链接中获取相关截图

[ ] 整理关键对话和操作步骤

[ ] 准备图片素材和说明文字

文章撰写

[ ] 撰写引人入胜的标题

[ ] 撰写开篇引言

[ ] 撰写案例 1 详细内容

[ ] 撰写案例 2 详细内容

[ ] 撰写案例 3 详细内容

[ ] 撰写用户体验感受部分

[ ] 撰写核心观点和未来展望

[ ] 撰写结语

▲ 图 2-15　生成待办事项清单

步骤 2：数据分析（系统自动）

Manus 随即着手对案例进行深入分析，如图 2–16 所示，首先针对案例 1 进行了细致的剖析，并据此迅速生成了三段视频，同时精心配备了音乐剪辑。这一过程充分展示了 Manus 快速生成视频脚本、智能匹配背景音乐及实现精准剪辑的能力，最终成功输出了高质量的视频内容。如图 2–17 所示，Manus 又分析案例 2，在 GitHub 上克隆并运行 VITS 项目生成语音。Manus 一次分析了三个案例，并生成了分析报告（见图 2–18）。

案例 1：生成三段视频并配音乐剪辑

任务描述

用户要求 Manus 创建一条简短视频，由三个连续场景组成，每个场景展示不同颜色的背景和跳动的球。总时长不超过 10 秒，每个片段控制在 3 秒以内。

执行过程

从回放内容可以看到，Manus 接收到任务后，理解了需求并开始执行。Manus 创建了一个包含三个连续场景的视频，每个场景展示不同颜色的背景和跳动的球。

最终成果

Manus 成功完成了任务，创建了一段符合要求的视频：

-** 总时长 **：9 秒（每个场景 3 秒）

-** 第一个场景 **：红色背景上的蓝色弹跳球

-** 第二个场景 **：黄色背景上的红色弹跳球

-** 第三个场景 **：蓝色背景上的黄色弹跳球

-** 特效 **：所有球体都有自然的物理运动和弹性变形效果

-** 音频 **：添加了活泼的背景音乐

-** 输出格式 **：视频以 MP4 格式导出，文件名为"跳动彩球视频 .mp4"

用户体验感受

从用户的反馈来看，这个简单的视频生成任务给用户留下了深刻印象。用户表示："刚做出来的时候手都在抖，别看今天只是红黄蓝的三个小球在跳动，但加上算力和工具复利的增长，我不敢想象一年后会是什么样子。"

这表明即使是看似简单的视频生成任务，也让用户感受到了 AI 技术的潜力和未来发展空间。用户认识到这只是 AI 视频生成能力的初步展示，但已经能够预见到随着技术的发展，未来 AI 在视频创作领域将有更加惊人的表现。

▲ 图 2-16　分析案例 1 并生成视频脚本、音乐，输出高质量视频

案例 2：在 GitHub 上克隆并运行 VITS 项目生成语音

任务描述

用户要求 Manus 在 GitHub 上搜索并克隆"VITS-fast-fine-tuning"项目，按照 README（软件程序的说明文档）说明在本地电脑上安装，运行模型并输入一段关于 Manus 介绍的中文文本，生成并保存音频文件，完成一段关于 Manus 的语音介绍并输出给用户。

执行过程

从回放内容可以看到，Manus 执行了以下步骤：

1.** 搜索并找到项目 **：Manus 成功在 GitHub 上搜索并找到了 VITS-fast-fine-tuning 项目。

2.** 克隆项目 **：Manus 创建了项目目录并成功克隆了 GitHub 仓库。

3.** 遇到磁盘空间问题 **：在安装依赖包的过程中，Manus 遇到了"No space left on device"错误，表明磁盘空间不足。

4.** 问题分析与解决 **：

-Manus 检查了磁盘空间情况，发现系统总共有约 13GB 的磁盘空间，其中已使用了 8.8GB，剩余可用空间约为 3.5GB(使用率 72%)。

- 发现 pip（通用的 Python 包管理工具）缓存占用了大量空间 (约 3.3GB)。

- 使用"pip cache purge"命令清理了 pip 缓存，释放了部分空间。

5.** 寻找替代方案 **：

考虑到在沙盒环境中磁盘空间有限，且安装大型依赖包（如 PyTorch、CUDA 相关库）会占用大量空间，Manus 决定使用在线 VITS 服务作为替代方案，而不是在本地安装和运行完整的 VITS 模型。

6.** 生成语音 **：Manus 使用在线 VITS 服务，成功生成了一段关于 Manus 的语音介绍。

7.** 输出结果 **：

Manus 将生成的语音文件 (manus_intro_part2.wav) 提供给了用户。

最终成果

Manus 成功完成了任务，生成了一段关于 Manus 的语音介绍，并将音频文件 (manus_intro_part2.wav) 提供给了用户。

用户体验感受

从用户的反馈来看，这个案例展示了 Manus 在处理技术任务时的解决问题的能力。用户表示："视频已经完成了，音频的自动生成也基本上实现了，虽然同样稚嫩，但同样值得期待。"

▲ 图 2-17　分析案例 2

#Manus 体验案例关键引用和对话内容

用户核心观点

1.AI 已经从帮我们"想"进化到可以帮我们"做"了，我们即将进入 AI 协作时代

2. 你拿到 Manus 想做的第一件事情，大概率就是你未来十年将努力做的事情

3. 产品只是初代模型，但我们应该为每一次人类的创新鼓掌，毕竟留给人类创新的机会不会太多了

案例 1：生成三段视频并配音乐剪辑

任务描述

"让 Manus 生成三段视频并配上音乐剪辑成一条"

用户体验感受

“刚做出来的时候手都在抖，别看今天只是红黄蓝的三个小球在跳动，但加上算力和工具复利的增长，我不敢想象一年后会是什么样子”

关键对话和操作

-Manus 接收到任务后，理解了需求并开始执行

-Manus 创建了一段包含三个连续场景的视频，每个场景展示不同颜色的背景和跳动的球

- 视频详情包括：总时长 9 秒，三个场景分别是红色、黄色和蓝色背景上的彩色弹跳球

- 所有球体都有自然的物理运动和弹性变形效果，并添加了活泼的背景音乐

-Manus 成功将视频以 MP4 格式导出，文件名为“跳动彩球视频 .mp4”

案例 2：克隆运行 VITS 项目生成语音

任务描述

“在 GitHub 上克隆并运行 VITS 项目生成一段 Manus 自我介绍的语音”

用户体验感受

“视频已经完成了，音频的自动生成也基本上实现了，虽然同样稚嫩，但同样值得期待”

关键对话和操作

-Manus 在 GitHub 上搜索并找到了 VITS-fast-fine-tuning 项目

- 在安装依赖包过程中，Manus 遇到了“No space left on device”错误

-Manus 分析了磁盘空间情况：系统总共有约 13GB 的磁盘空间，已使用 8.8GB，剩余 3.5GB

▲ 图 2-18　一次分析三个案例（部分）

步骤 3：验收成果（系统自动）

接下来，Manus 将负责创建标题和方案（见图 2–19），并最终生成图文案例（见图 2–20）。至此，所有流程完成，用户可以轻松下载最终的输出结果。

标题方案

标题 1(量子位风格)

从"想"到"做"：我体验 Manus 的 72 小时，见证了 AI 协作时代的开端

标题 2(机器之心风格)

Manus 体验实录：当 AI 从帮我们"想"进化到帮我们"做"

标题 3(新智元风格)

震撼 !Manus 让 AI 成为你的"第二双手"，我亲测三大场景全部实现

标题 4(AI 科技评论风格)

一个技术"菜鸟"的 Manus 初体验：AI 协作时代已经悄然到来

标题 5(AI 前线风格)

Manus 实战：三个案例带你体验 AI 从"思考者"到"执行者"的进化

▲ 图 2-19　生成标题和方案

从"想"到"做"：我体验 Manus 的 72 小时，见证了 AI 协作时代的开端

还记得第一次使用 ChatGPT 的震撼吗？那种"AI 能帮我思考"的惊喜感。而今天，我要分享的 Manus 体验，则让我感受到了 AI 从"思考者"到"执行者"的惊人进化。

当我第一次打开 Manus，我并不知道自己即将见证什么。作为一个自认为的技术“菜鸟”，我只是抱着尝鲜的心态，想看看这个被称为“AI 的手”的工具能做到什么程度。然而接下来发生的事情，让我的手都在发抖——AI 不再只是回答我的问题，而是真正开始为我“做事”了。

从生成视频、合成语音到部署网站，Manus 就像是我的数字助手，将我脑海中的想法一一变为现实。这种体验让我不禁思考：也许我们已经站在了 AI 协作时代的入口，而 Manus，就是打开这扇门的钥匙之一。

在这篇文章中，我将带你走进我的 Manus 体验之旅，分享三个让我惊叹的实际案例，以及这些体验背后引发的思考。无论你是技术爱好者，还是 AI 观察者，这段旅程都值得你一同体验。毕竟，你在 Manus 上想做的第一件事，很可能就是你未来十年将努力实现的梦想。

让我们一起，见证 AI 从“想”到“做”的进化时刻。

案例 1：生成三段视频并配音乐剪辑

`![ 跳动彩球视频制作 ]( 链接 )`

“刚做出来的时候手都在抖，别看今天只是红黄蓝的三个小球在跳动，但加上算力和工具复利的增长，我不敢想象一年后会是什么样子。”

这是我在看到 Manus 完成第一个任务时的真实感受。表面上看，这只是一个简单的视频生成任务，但正是这种看似简单的任务，让我第一次感受到了 AI“动手能力”的潜力。

我的第一个 Manus 任务

作为测试，我给 Manus 下达了一个看似简单的指令：生成三段视频并配上音乐剪辑成一条。具体要求是创建一段由三个连续场景组成的短视频，每个场景展示不同颜色的背景和跳动的球，总时长不超过 10 秒，每个片段控制在 3 秒以内。

▲ 图 2-20 最终生成图文案例（部分）

在使用 Manus 的时候，我们应该注意掌握以下技巧。

精准需求描述技巧：采用结构化表达方式，即通过“背景+目标+关键要素”的模板（如案例中的音频与文案混合需求），并附上参考案例或数据指标。需求应分层次提交，先提交核心需求以触发系统的初步分析，随后通过迭代过程逐步补充和细化具体要求。

自媒体领域，内容创新与迭代乃其核心竞争力。Manus 不仅助力我们快速产出高质量的多媒体内容，更依据市场趋势及粉丝反馈，赋予我们创新灵感与明确方向。凭借持续市场分析与趋势预测，Manus 助我们洞悉行业动态，引领内容创新潮流。同时，我们亦需不断学习新知识，掌握新技巧与工具，结合 Manus 强大的功能，勇于探索内容新形式与表现手法。借助人工与系统的协同，我们能在确保内容质量的同时，实现内容的持续创新与迭代，为粉丝带来新鲜感与惊喜，从而在自媒体领域实现持续的发展与成功。

5 AGI 作家上线：轻松搞定小说、剧本

AGI 写作模型之所以能胜任各类写作任务，背后有一系列的秘密武器。首先，AGI 写作模型拥有强大的自然语言处理能力，这使得它能够理解和生成人类语言的多种形式和风格。无论是正式的学术论文，还是轻松的日常对话，AGI 写作模型都能应对自如。它能精确捕捉语言中的微妙差异，理解复杂的语法结构，并灵活运用各种修辞手法，从而创作出既符合语境又富有表现力的文本。

其次，AGI 写作模型拥有庞大的知识库，这些知识库覆盖了从历史、科学到艺术、文学等各个领域的专业知识和信息。这使得 AGI 写作模型能够精准地把握并阐述复杂理念，在某些专业领域内，其卓越表现甚至超越了人类专家，无论是引经据典，还是阐释深奥的科学原理，或是剖析精妙的艺术作品，乃至创作独具匠心的文学作品，皆能游刃有余，无所不能。

此外，AGI 写作模型还具备深度学习和自我优化的能力，能不断从大量文本数据中学习和改进。通过分析和理解大量文本材料，AGI 写作模型能不断优化自己的写作算法，从而提高写作质量和效率。这种自我学习和优化的能力，使得 AGI 写作模型在写作过程中如鱼得水，能够不断进步和提升。它能够从自身的写作实践中汲取经验，从读者

的宝贵反馈中领悟精髓，甚至从其他作家的杰出作品中借鉴灵感，持续吸纳新知与技艺，从而不断提升自身的写作水平。

这些秘密武器使得 AGI 写作模型在写作过程中驾轻就熟。无论是创作深度报道、编写引人入胜的剧本，还是撰写富有创意的广告文案，AGI 写作模型都能轻松应对，展现出卓越的写作能力。它不仅能快速生成高质量的文本，还能在短时间内完成大量写作任务，极大地提高了写作的效率和生产力。更为重要的是，AGI 写作模型在创作过程中能保持一致的风格和质量，这对于人类作家来说是一个巨大的挑战。无论是严肃的新闻报道，还是轻松幽默的博客文章，AGI 写作模型都能确保文章风格的一致性，这对品牌建设和内容营销至关重要。

AGI 写作模型在各个领域都展现出巨大的潜力和价值，成为写作领域中不可忽视的重要力量。它不仅能为各种媒体和出版机构提供高质量的内容，还能为教育、娱乐、广告等行业提供强大的支持。AGI 写作模型正革新传统写作和内容创作方式，为各行各业抓住新机遇，同时也带来了新的挑战。随着技术的不断进步，AGI 写作模型的能力将会越来越强大，其应用范围也将越来越广泛，最终成为人类社会不可或缺的一部分。

在 AI 技术日新月异的今天，Manus 犹如一位 AGI 超能英雄，以惊人的方式将理解、生成和执行功能完美融合，展现出其非凡的自动化能力。凭借跨任务学习和智能推理的功能，Manus 能敏锐地捕捉复杂需求，高效执行任务，实现从创意到实践的全程自动化，无缝衔接创意与成果，在形形色色的应用场景中大显身手。

小明怀揣着成为网络小说家的梦想，然而他面临着一个难题，那就是缺乏写作方面的经验。为了帮助小明实现他的梦想，我们将以网络小说的创作为例，详细讲解一下 Manus 这款工具是如何协助我们顺利完成整个创作过程的。接下来，我们一起来具体地操作一下。

步骤 1：登录 Manus，并向它发送需求（人工操作）

我们计划创作一篇小说，并希望能在某平台上发布。因经验不足，我们请 Manus 帮我们了解这个平台的投稿规范，并撰写符合评审标准的稿件。请确保稿件题材符合这个平台主流网络小说类型，如都市言情、古言、穿越等，字数不少于 10 万字，满足连载要求。

我们可以这样输入要求：我想去某平台上发布小说，但我从来没有写过小说，也不知道投稿要求，你能否了解相关信息，帮我写一篇从题材、长度等方面肯定可以通过平台评审要求的稿件。最少 10000 字。

步骤 2：Manus 进行思考并进行工作（系统自动）

Manus 接收到需求并回复后立即展开思考和工作。Manus 通过网络搜索，参考了多个小说平台的投稿要求，如七猫中文网、番茄小说、晋江文学城等，以确定适合其作品的投稿平台（图 2-21）。Manus 在网页上搜索小说平台投稿具体要求的过程中，可以模仿人的行为向下滚动。

Manus

我正在为您搜集某小说平台的投稿要求信息。根据初步搜索，某小说平台的基本投稿要求包括：

1. 投稿需要提供开篇两万字的正文、完整大纲及投稿申请表
2. 作品必须是原创，严禁抄袭
3. 内容必须积极向上，不得违反国家政策法规，严禁涉黄涉政等敏感题材

我正在进一步了解某小说平台的具体题材偏好、受欢迎的类型、内容限制等详细信息，以便为您创作一篇符合要求且能通过评审的小说。我会继续深入研究，然后根据这些要求为您创作一篇至少 10000 字的小说。请稍候，我将尽快完成这项任务。

▲ 图 2-21　搜索某小说平台投稿要求

Manus 已圆满完成小说平台的投稿要求及基本信息收集工作，随后将创作任务纳入待办事项清单（见图 2-22）。接着，它利用网络资源，对小说平台的概况、用户群体及阅读偏好进行了详尽分析，并依据相关数据和案例，对某平台展开了更为深入的探究与剖析。

某平台投稿任务清单

收集信息阶段
-[x] 搜索某平台的投稿要求
-[ ] 研究某平台的整体概况
-[ ] 分析某平台上受欢迎的小说题材
-[ ] 确定小说长度要求
-[ ] 研究内容限制和指南

创作阶段

-[ ] 根据要求创建小说大纲

-[ ] 设计角色档案和情节结构

-[ ] 撰写小说第一章

-[ ] 撰写剩余章节以满足字数要求

-[ ] 审校和编辑小说以提高质量

-[ ] 检查是否符合平台要求

提交准备

-[ ] 按平台要求格式化小说

-[ ] 创建小说元数据（标题、描述、标签）

-[ ] 编译完整的小说文档

-[ ] 准备提交说明

-[ ] 将小说和说明发送给用户

▲ 图 2-22　制作待办事项清单

Manus 开始对某平台受欢迎的小说进行分析，并生成说明。Manus 还分析了某平台受欢迎的小说的字数要求及内容限制，并根据分析情况生成总结（见图 2–23）。

我将继续为您收集某小说平台的字数要求和内容限制等信息，然后开始创作符合要求的小说。

从已收集的信息中，我们了解到平台投稿小说的基本字数要求如下：

1. 投稿需要开篇两万字正文 + 大纲 + 投稿申请表

2. 日更要求 4000 字以上

3. 签约作品每月允许有 1 天请假不提交正文

4. 已完结作品若总字数少于 20 万字或编辑判定为烂尾完结的，完结月不发放全勤奖金关于受欢迎的题材，我们已经确定：

- 在男性中，历史类（特别是架空历史）和都市类小说非常受欢迎。
- 在女性中，古代言情和现代言情类小说很受欢迎。

我将基于这些信息，为您创作一部符合平台要求的小说，确保内容积极向上，不涉及敏感题材，并且字数至少达到两万字。我会选择一个受欢迎的题材，并创建引人入胜的情节和角色。

请稍候，我将继续收集更多详细信息，然后开始创作过程。

▲ 图 2-23 根据分析情况生成总结

Manus 分析完平台小说内容限制与审核标准，随即创建大纲与角色设定，并开始进行创作。整个流程可控，所有内容均可下载最终文件。以某平台已发表小说为例，创建大纲与角色设定，如图 2-24 所示。

#《将军归来：从边关走向朝堂》

小说大纲

背景设定

故事发生在架空的大周王朝，一个类似于中国古代的封建社会。太周王朝已有三百年历史，当前面临内忧外患：北方游牧民族虎视眈眈，朝廷内部派系斗争激烈，民间天灾频发，百姓生活困苦。

主要人物

主角：林战

- 身份：曾是大周王朝的边关名将，因功高盖主被奸臣陷害，贬为平民
- 性格：沉稳、智慧、坚韧、重情义
- 特点：军事才能出众，精通兵法，为人正直，心系天下百姓

重要配角

- 周元帝：大周王朝的皇帝，英明但受奸臣蒙蔽
- 李明远：当朝丞相，奸诈狡猾，排挤异己
- 苏雨晴：丞相之女，才貌双全，与林战青梅竹马
- 王忠：林战旧部，忠心耿耿
- 赵铭：朝中正直的大臣，暗中支持林战
- 北狄可汗：北方游牧民族首领，对中原虎视眈眈

故事梗概

第一部分：落魄将军

林战曾是大周王朝的边关名将，因在北方战场连续击退北狄入侵，功勋卓著。然而，丞相李明远嫉妒林战的声望，担心其会威胁到自己在朝中的地位，于是设计陷害林战谋反。周元帝轻信谗言，将林战革职查办，贬为平民。

▲ 图 2-24　创建小说大纲和角色设定（部分）

通过以上演示，可以看到 Manus 完成了从提出小说创作需求到整个小说创作的过程。

Manus 的高效表现不仅仅体现在小说创作上，还体现在能够处理各种复杂的写作任务。无论是撰写学术论文、编写剧本，还是创作诗歌，Manus 都能迅速生成高质量的文本。它的智能算法能够根据用户的具体要求，灵活调整写作风格和内容，确保最终作品既符合用户的期望，又具有独特的创意。

在使用 Manus 的时候，我们应该注意掌握以下技巧。

- 明确需求与任务拆解：在向 Manus 提出需求时，需清晰描述创作目标、限制条件和输出格式。明确的要求能帮助系统精准地拆解任务，生成可执行的待办清单。

例如，输入需求时需包含关键信息：创作目标（如撰写一篇符合某平台投稿标准的小说）、限制条件（如题材为都市言情，字数不少于 10 万字）、输出格式（如 Markdown 文件）。Manus 将自动生成“平台分析—大纲创作—章节撰写—最终输出”的任务链。

- 模块化与可复用性：将 Manus 的工作流封装为模块，便于后续复用和扩展。例如，将“平台分析—大纲创作”流程保存为模板，后续创作其他类型小说时直接调用。

例如，将都市言情小说创作工作流保存为模板，后续创作古言穿越小说时直接复用。

Manus 还具备强大的学习能力。经过广泛分析并深入学习众多文学作品，它得以持续提升自身的语言表达力与创作技艺。用户仅需给予简略的指引与反馈，Manus 便能敏捷地吸纳并优化，使其在日后的创作中愈发卓越。

Manus 的出现，无疑为文学创作领域带来了革命性的变化。它不仅极大地提高了创作效率，还为创作者提供了更多的灵感和可能性。无论你是专业作家，还是业余爱好者，Manus 都能成为你最得力的助手，帮助你在文字的世界里自由翱翔。

第三章

Manus 让生活更智能

Manus 的问世，让我们的日常生活提升至智能新境界。作为个人专属的财务智囊，它能依据我们的财务状况、投资偏好及风险承受力，精心打造个性化投资建议，引领我们做出更明智的投资选择。无论是股票、基金，还是其他多元投资渠道，Manus 皆能提供全面深入的分析与建议，让我们的投资之旅既科学严谨又轻松无忧。

对于热爱旅行的朋友来说，Manus 能处理所有与旅行相关的事宜，从规划行程、预订机票酒店到推荐当地美食和景点，提供一站式服务，还能根据我们的预算和兴趣，定制个性化的旅行计划。

Manus 能帮助我们整理生活节奏，使生活更加有序。它能够分析我们的生活习惯、工作压力和健康状况，提供个性化的建议。在时间管理、健康饮食及运动健身等方面，Manus 均能提供全方位、个性化的规划与指导。Manus 还能提供职业规划，帮助我们找到理想与现实的平衡点。

我们还能运用 Manus 进行娱乐。它能帮助我们进行乐曲改编，创作出独特的动人旋律，融合我们自己的创意故事。无论是表达爱意、分享生活感悟还是记录重要时刻，Manus 都能让我们的故事更加动听。

Manus 不仅是一个工具或一项服务，更是一个能够显著提升我们的生活质量、增添乐趣与便利的得力助手。无论是工作、学习，还是娱乐，Manus 都能提供全方位、个性化的支持与指导，助我们轻松达成目标与梦想。

1 个人财务管家：帮我们优化投资决策

Manus 理财师，我们的私人财富顾问，致力于为我们管理所有财务事务，确保我们的财务状况良好。借助先进的机器人技术，Manus 理财师能够迅速分析和处理大量财务数据，为我们量身定制财务规划和投资建议。它不仅能够根据我们的财务状况和目标设计个性化的理财方案，还能实时监控市场动态，及时调整投资策略，确保我们的资产稳定增长。

Manus 理财师拥有强大的数字智能系统，能迅速解析我们的消费习惯与收支状况，为我们量身打造实用的预算方案与消费优化策略，助我们稳步迈向财务自由。在金融数据分析领域，Manus 理财师运用机器人技术，使财富管理变得高效、优质、智能且轻松。它不仅是一个工具，更是一个能够理解我们的需求、预测市场趋势、提供定制化解决方案的超级智能伙伴。

Manus 理财师运用其高级算法和大数据分析能力，深度挖掘我们的财务数据，精准识别潜在风险与机遇，为我们量身打造精确且全面的财务规划方案。简而言之，Manus 理财师凭借先进的机器人技术，让财富管理变得高效便捷、品质卓越、智能无忧。它不仅能在变幻莫测的金融市场中为我们指引方向，还能提供个性化的理财建议，帮助我们实现财务自由和长期财富增长。在这个充满挑战与机遇的金融世界中，Manus 理财师是我们最值得信赖的伙伴。

Manus 理财师不仅关注我们当前的财务状况，还关心我们未来的财务目标。它能持续学习，自我迭代优化，灵活调整理财策略，紧跟市场脉搏，满足我们的个性化需求。它能为我们提供全面的财务健康检查，帮助我们识别和解决财务问题，同时提供多样化的投资组合建议，满足不同客户的风险偏好和收益期望。Manus 理财师还具备出色的风险控制能力，在市场波动时能够及时采取行动，保护我们的资产安全。通过实时监控和分析，Manus 理财师能够为我们提供及时的市场信息和投资建议，帮助我们把握最佳时机并做出最正确的决策。

总的来说，Manus 理财师通过机器人技术，使财富管理变得高效、优质、智能且轻松。它不仅是一个强大的工具，更是一位能够洞悉我们的需求、预判市场动向、量身打造解决方案的超级智能助手。在当今快速发展的商业环境中，金融数据分析在优化投资决策方面发挥着至关重要的作用。借助大数据分析，企业能够整合和深度挖掘包括财务数据、市场动态、行业趋势等在内的海量内外部数据，从而更全面地了解自身的融资需求和市场环境，预测未来的现金流需求，合理安排融资规模和时间，识别潜在的融资风险，并制定更为科学的投资策略。

小明是一位对金融市场满怀热情的投资者，怀揣着对股票市场的无限憧憬，立志凭借自身的不懈努力，在投资领域闯出一片天地。为了帮助小明深入洞悉股市投资的智慧之道，我们将借助一个鲜活的实战案例，细致地剖析 Manus 如何在财务领域大展身手，凭借尖端的金融数据分析技术，对投资决策的每一个环节进行全方位优化。

步骤 1：输入用户需求（人工操作）

登录 Manus，在对话框中输入需求：我购买了一些港股（中概股）、美股和 A 股，大概各占 1/3，结合最近的政治局势、经济发展及历史的判断，给出最近 6 个月的投资建议报告。请以容易看懂的方式提供报告，包括文章、图表等内容形式。Manus 收到需求后，立刻给予反馈，并生成待办事项清单（见图 3-1）。

```
# 投资建议报告任务清单

## 市场研究
-[ ] 研究全球市场状况
-[ ] 收集港股（中概股）市场数据和趋势
-[ ] 收集美股市场数据和趋势
-[ ] 收集 A 股市场数据和趋势

## 因素分析
-[ ] 分析政治因素对三大市场的影响
-[ ] 分析经济趋势对三大市场的影响
-[ ] 收集代表性股票数据（港股、美股、A 股）
-[ ] 进行历史数据分析和比较

## 报告生成
-[ ] 创建投资建议报告初稿
-[ ] 生成数据可视化图表
-[ ] 整合分析结果和建议
-[ ] 编译最终报告
```

▲ 图 3-1　生成投资建议报告待办事项清单

步骤 2：搜集相关数据（系统自动）

Manus 开始深入搜索并分析港股、美股和 A 股的相关网址，并生成详尽的全球市场状况分析。随后，它将进一步研究并评估政治因素对港股、美股和 A 股这三大市场的影响，特别关注了 A 股市场的波动性、技术面分析、成交量变化及外资流动对市场情绪的影响。

Manus 根据搜集到的数据，分析经济趋势对港股、美股和 A 股三大市场的影响，并生成文档。通过最新估值分析，我们深入理解了全球经济形势对 A 股、港股和美股这三大市场的影响，并据此生成了详细的文档。至此，Manus 初步完成了数据分析工作。

步骤 3：生成报告（系统自动）

接下来 Manus 依据最新市场数据，如营收增长、毛利润、净利润等财务指标，以及股价变动情况，生成了涵盖 A 股等龙头股的三大市场表现对比报告和可视化图表。Manus 凭借其在多代理模式和可靠性问题上的创新，以及在 GAIA 基准测试中的卓越表现，为投资者提供了港股、美股和 A 股的投资建议报告（见图 3-2），并生成了数据透视化表。截至目前，Manus 完成了所有待办事项清单。

港股、美股和 A 股投资建议报告

执行摘要

本报告基于对全球市场状况、政治因素、经济趋势及历史数据的全面分析，为投资者提供未来 6 个月的投资建议。考虑到您的投资组合目前在港股（中概股）、美股和 A 股这三大市场各占约 1/3 的配置，我们提出了具有针对性的投资策略建议，以帮助您在当前复杂多变的市场环境中优化投资组合，把握机遇，规避风险。

基于我们的分析，我们建议在未来 6 个月内：

1.** 保持三大市场的总体配置比例 **，但在各市场内部进行结构性调整

2.** 增加对亚洲新兴市场的配置 **，特别是科技创新领域

3.** 关注美股中受益于 AI 发展的科技龙头 **，但要警惕贸易政策的不确定性

4.** 在港股中增加对受益于中国内需扩大政策的消费股和科技股的配置

5.** 在 A 股中重点关注受政策支持的科技创新和高端制造领域 **

市场环境分析

全球市场状况

全球市场正经历明显的东升西落趋势。2025 年 3 月初，A 股取得 3 月开门红，基本收复了上月底的突然调整。整周近 4000 只股票收涨，为近一个月最佳数据。更为难得的是，在国际市场波动加剧的背景下，A 股、港股等中国资产却抗住了压力，走出了“独立行情”。

Wind（万得）数据显示，2025 年 2 月以来，全球股票接连下跌，但中国股票整体持续上行：3 月初的涨幅在各大类资产中仅次于黄金。相比之下，美股市场表现疲软，多个指数出现下跌。

这种“东升西落”趋势的转折点可以追溯到 DeepSeek 在春节期间的技术突破，引发了全球 AI 产业格局的重新洗牌，也对资本市场产生了深远影响。

▲ 图 3-2　港股、美股和 A 股投资建议报告（部分）

通过深入分析三大市场的历史数据（见图 3–3），我们不仅能够单击网页查看完整报告，还可以通过数据可视化和关键数据的解读，

获得对市场趋势和投资建议的深刻理解（见图 3-4），从而为决策提供有力的支持。

三大市场历史数据分析

市场整体表现

根据我们收集到的数据，过去 6 个月三大市场的表现各有特点：

- 美股：整体表现强劲，特别是科技行业，受益于美国经济增长预期（2025 年 2.7%）高于其他发达经济体，以及美国联邦储备系统降息周期的开启。
- 港股：波动性较大，受中美关系影响明显，但受益于亚洲新兴市场增长预期（2025 年为 5.1%）高于全球平均水平。
- A 股：政策支持明显，科技创新领域增长潜力大，同样受益于亚洲地区强劲的经济增长预期。

行业表现分析

美股各主要行业表现：

- 科技行业：表现最为突出，特别是与 AI 相关的企业，如 NVIDIA 等。
- 金融行业：受益于利率下降和经济增长。
- 消费行业：表现稳健，反映了美国消费者的信心。
- 医疗健康：增长稳定，但面临政策不确定性。

▲ 图 3-3　三大市场历史数据分析文档

港股、美股和 A 股投资建议报告

执行摘要

本报告基于对全球市场状况、政治因素、经济趋势及历史数据的全面分析，为投资者提供未来 6 个月的投资建议。考虑到您的投资组合目前在港股（中概股）、美股和 A 股这三大市场各占约 1/3 的配置，我们提出了具有针对性的投资策略建议，以帮助您在当前复杂多变的市场环境中优化投资组合，把握机遇，规避风险。

基于我们的分析，我们建议在未来 6 个月内：

1. 保持三大市场的总体配置比例，但在各市场内部进行结构性调整
2. 增加对亚洲新兴市场的配置，特别是科技创新领域
3. 关注美股中受益于 AI 发展的科技龙头，但要警惕贸易政策的不确定性
4. 在港股中增加对受益于中国内需扩大政策的消费股和科技股的配置
5. 在 A 股中重点关注受政策支持的科技创新和高端制造领域

三大市场回报率与波动率对比

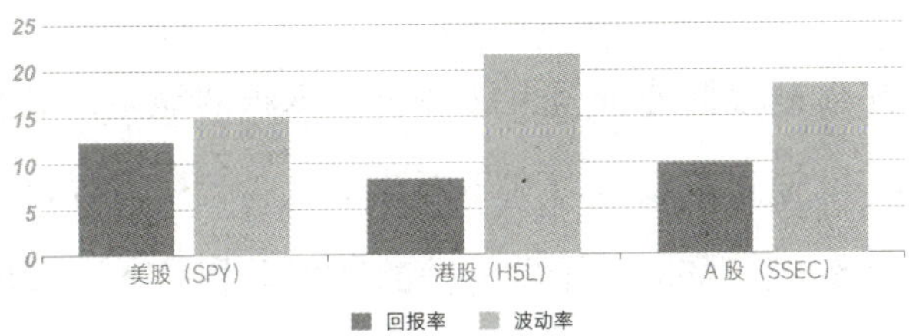

▲ 图 3-4　最终建议投资报告（部分）

在使用 Manus 的时候，我们应该注意掌握以下技巧。

- 需求明确与任务细分：在向 Manus 提交需求时，务必详细阐述投资目标、时间跨度及分析的维度。清晰地输入需求有助于系统精确地分解任务，并制定出可操作的待办事项清单。例如，在输入需求时，应包含以下关键信息：投资目标（如优化港股、美股、A 股投资组合）、时间范围（如过去 6 个月）、分析维度（如政治动态、经济发展、历史数据）。Manus 将自动构建从“数据搜集—市场分析—投资建议—报告生成”的任务流程。
- 模块化与复用性：将工作流程封装成模块，以便于未来的复用和扩展。例如，将“港股市场分析”和“美股市场分析”模块化并保存为模板，以便在开发其他投资工具时能够直接调用。例如，将“全球市场分析”工作流程保存为模板，以便在开发“行业投资分析”时能够直接复用。

Manus 在金融数据分析领域展现出了卓越的能力，显著优化了投资决策流程，并通过持续学习和不断改进，为投资者提供了更加科学和精准的投资建议。Manus 凭借先进的数据分析技术，深度挖掘市场数据，精准识别投资机会与风险，助力投资者在复杂多变的金融市场中做出更加明智的决策。Manus 的分析模型具备实时监控市场动态、预测市场趋势的能力，为投资者提供及时、准确的参考信息。

此外，Manus 还运用机器学习算法持续优化分析模型，确保投资建议始终紧跟市场步伐，适应最新变化。这些努力使得投资者能够更加自信地进行投资，提高投资回报率，降低投资风险。Manus 在金融数据分析领域的强大能力获得了广泛认可和赞誉，成为投资者信赖的合作伙伴。

2 智能旅行助手：帮穷游党制定出行方案

旅行已经成为人们生活中不可或缺的一部分。无论是为了放松身心、开阔眼界，还是为了商务洽谈、文化交流，人们总是渴望踏上新的旅程。然而，面对复杂的行程、陌生的环境和突发状况，旅行者们往往感到迷茫和焦虑。Manus 可以变身为一个全方位的旅行助手，为我们提供全面的旅行服务。

Manus 旅行助手不仅仅是一个简单的行程规划工具，更是一个能够实时响应用户需求、提供个性化建议的智能伙伴。无论你是初次踏上旅程的新手，还是经验丰富的旅行达人，Manus 都能为你提供最合适的行程建议、酒店预订、交通安排及景点推荐等服务。例如，Manus 能够快速生成详细的日程安排，包含实时天气情况和交通住宿建议，并输出可供下载的 PDF 文件。通过先进的数据分析和人工智能技术，Manus 能够根据我们的个人喜好和历史行程数据，为我们量身定制独一无二的旅行计划，确保每一次旅行都能满足我们的独特需求。

Manus 还具备实时语言翻译、紧急求助、天气预报、文化背景介绍等功能，让我们在异国他乡也能感受到家的温暖和便捷。无论我们在世界上的哪个角落，Manus 都能成为我们最可靠的旅行伙伴，确保我们的每一次旅行都充满乐趣和惊喜。

小明心中怀揣着对浙江这片美丽土地的向往，渴望踏上这片充满历史韵味和自然美景的土地进行一次难忘的旅行。为了帮助小明实现他的旅行梦想，接下来就让我们尝试运用 Manus 来生成一套详尽而完整的旅行规划方案。

步骤 1：输入用户需求（人工操作）

为了制定一份 3 月底前往浙江舟山的详尽旅游攻略，我们在对话框中明确输入需求：生成一份 3 月底去浙江舟山旅游的攻略。

步骤 2：Manus 收到需求后，立即反馈（系统自动）

在接收到我们的需求后，Manus 迅速响应，不仅给出了即时反馈，还自动生成了一份待办事项清单，详情见图 3-5。随后，Manus 着手收集浙江舟山的地理位置信息，并依据这些信息精心编制了一份分析文件，具体内容见图 3-6。

```
# 浙江舟山旅游攻略

## 基础信息收集
-[ ] 收集舟山的基本地理信息和概况
-[ ] 了解 3 月底舟山的天气情况和旅游建议
-[ ] 整理前往舟山的交通方式和岛内交通信息
-[ ] 收集舟山的住宿选择和推荐
-[ ] 整理舟山的主要景点和活动信息
```

-[ ] 收集舟山的特色美食和推荐餐厅

攻略编写
-[ ] 编写完整的旅游攻略
-[ ] 检查并完善攻略内容
-[ ] 提交最终攻略给用户

▲ 图 3-5 生成舟山旅游待办事项清单

舟山基本信息

地理位置
舟山市位于浙江省东北部，长江三角洲城市群东南部，地处中国东南沿海，长江口南侧，杭州湾外缘的东海洋面上。舟山市是由 2085 个海岛组成的舟山群岛(其中有居民的海岛 141 个)构成，是中国唯一一个由群岛组成的省辖地级市。

地理坐标为东经 121° 30′ ~123° 25′，北纬 29° 32′ ~31° 04′。东西长 182 千米，南北宽 169 千米，总面积 2.22 万平方千米，其中海域面积 2.88 万平方千米，陆地总面积 1440.2 平方千米。

舟山群岛由嵊泗列岛、马鞍列岛、崎岖列岛、川湖列岛、中街山列岛、浪岗山列岛、七姊八妹列岛、火山列岛和梅散列岛组成。地势由西南向东北倾斜，南部岛大，海拔高，排列密集，北部岛小，地势低，分布稀疏，四面环海。

行政区划
截至 2023 年，舟山市下辖 2 个市辖区（定海区、普陀区）、2 个县（岱山县、嵊泗县）。舟山市政府驻地在临城新区。

气候特点
舟山市四面环海，属亚热带季风气候，冬暖夏凉，温和湿润，光照充足。年平均气温 16℃左右，最热 8 月，平均气温 25.8℃ ~ 28.0℃；最冷 1 月，平均气温 5.2℃ ~ 5.9℃。常年降水量 927 ~ 1620 毫米。年平均日照 1941 ~ 2257 小时，太阳辐射总量为 4126×10^{6} ~ 4598×10^{6}焦耳 / 平方米，无霜期 251 ~ 303 天，适宜各种生物群落繁衍、生长，给渔农业生产提供了相当有利的条件。空气自然净化能力强，温差变化小。由于受季风不稳定性的影响，夏秋之际易受热带风暴（台风）侵袭，冬季多大风，七八月间出现干旱，是舟山常见的灾害性天气。

水文特点

舟山市水文情况复杂，地表水系不发达，多源自丘陵地，呈放射状辐射入海，水系受海岛规模影响，流程短，汇水面积小，受暴雨影响，水位暴涨暴落，易引发山洪等自然灾害。海岸潮汐属不规则的半日潮，潮流以往复流为特征，涨潮流向西，落潮流向东，涨潮流速大于落流流速，海水的潮汐及风浪作用对岛屿海岸的影响较大，尤其是潮间带地貌。

▲ 图 3-6　分析舟山的地理位置信息

紧接着，Manus 开始深入研究舟山的天气状况及旅游建议等信息，并依据这些信息精心编制了一份文件，具体内容见图 3–7。

3 月底舟山天气情况与旅游建议

天气情况

-** 温度范围 **:3 月底舟山的温度一般在 5℃ ~15℃，平均气温在 20℃以下

-** 天气特点 **:

- 可能会下小雨，有时会刮风
- 早晚温差较大
- 属于亚热带季风气候，海洋性特征明显
- 空气清新，光照充足

着装建议

- 需要做好保暖措施，建议携带外套或轻薄羽绒服
- 带上雨衣、雨伞等防雨装备
- 准备一些保暖衣物应对早晚温差
- 建议穿着舒适的鞋子，方便游览景点

旅游季节评价
- 春季（3~5 月）是去舟山旅游的较好时机
- 天气晴朗，温度适宜
- 游客相对较少，可以避开拥挤的人群
- 能安静地享受美景
-3 月底属于春季初期，虽然气温还不是很高，但已经适合旅游
- 此时去舟山可以在绵绵细雨中感受佛光古刹，体验不同的旅游氛围

特别建议
- 携带感冒药、创可贴等基础药物，以防万一
-3 月底还不适合海泳，水温较低
- 可以考虑在此时前去普陀山，游客不会太多，游览体验更好
- 舟山风景秀丽，空气清新，适合吃海鲜、看海景

▲ 图 3-7　收集舟山的天气信息和旅游建议

Manus 着手收集并系统整理了通往舟山各个岛屿的交通方式及其岛内交通详情，随后将这些信息转化为 Markdown 文档（见图 3-8）。紧接着，它又对舟山各岛的住宿选项进行了细致地筛选，并依据这些数据，精心编制了住宿选择指南文件。

舟山交通指南

前往舟山的交通方式

火车

- 舟山的动车站和动车轨道还在建设中，预计到 2026 年才能建成通车
- 目前需要在 ** 宁波站 ** 下车，然后转乘大巴前往舟山
- 宁波汽车南站前往舟山的班次较多，可提前一周购买车票
- 班次时间：

宁波汽车南站 :6:00 ~ 21:00

宁波汽车东站 :6:40 ~ 16:30

宁波汽车北站 :7:05 ~ 16:55

- 终点站有金塘、定海、定海三江、新城、沈家门、朱家尖

自驾

- 可选择 ** 国道 G9211** 和 ** 宁波白峰码头 ** 的车渡轮
- 自驾上了 G9211 后可沿着东西快速路到达朱家尖大桥
- 过桥后可到蜈蚣峙码头，在此可坐船前往普陀山
- 岛上私家车较多，遇到上下班高峰期请注意安全
- 进入沈家门或定海城区等道路较窄的街道请小心慢行

飞机

- 舟山的机场位于朱家尖，离蜈蚣峙码头仅 5 分钟车程
- 舟山普陀山机场开通共计 22 条航线
- 通达北京、上海、深圳、广州、成都、重庆、西安等 25 个城市
- 机场位于舟山本岛东南面的“沙雕故乡”朱家尖岛
- 西距著名海港沈家门仅 1.2 千米，由跨海大桥连接
- 北邻“海天佛国”普陀山 12.5 千米，由机场出发到普陀山只需 10 分钟
- 机场有出租车服务，从机场到市区大概花费 50 元左右

轮船

- 舟山群岛与外界的交通联系主要依靠轮船
- 舟山本岛上主要有鸭蛋山码头、定海港、沈家门半身洞客运码头、三江港、西码头等水运交通中心

▲ 图 3-8 根据交通数据生成 Markdown 文档

Manus 自动启动了舟山主要景点门票及旅游活动信息的搜索程序，并依据搜集的数据，精心编制了一份详尽的分析报告（见图 3–9）。随后，它又着手探寻舟山当地的特色美食，并据此生成了一份特色美食及推荐餐厅的分析文件（见图 3–10）。

舟山主要景点和活动信息

普陀区景点

1. 普陀山风景区（5A 级景区）

** 简介 **:
普陀山是浙江东海舟山群岛中的一个小岛，既有悠久的佛教文化，又有丰富的海鸟风光，素有"海天佛国""南海圣境"之称，是中国四大佛教道场之一，以供奉观音菩萨为主。

** 主要景点 **:
- 普济寺：普陀山最大的寺院，始建于唐代
- 法雨寺：普陀山第二大寺院
- 慧济寺：普陀山三大寺院之一
- 紫竹林：观音菩萨道场
- 百步沙：全长 660 米的沙滩
- 千步沙：普陀山上最大的沙滩，沙色如金，纯净松软

** 门票 **:
- 成人票：160 元
- 儿童 / 学生 / 老人票 :80 元
- 进岛船票（普陀山—朱家尖）：成人票 60 元（往返），30 元（单程）；儿童 / 学生 / 老人票 32 元（往返），16 元（单程）

** 开放时间 **：06:30 ~ 21:50（具体以当天最后一班船为准，寺庙以现场实际情况为准）

** 建议游玩时间 **：1~2 天

** 最佳游玩季节 **:
- 春季：可参加"普陀山之春"旅游节
- 夏季：可在百步沙、千步沙海滩浴场游泳，观赏荷花
- 秋季：9 月 19 日是观音菩萨得道日，有众多活动
- 冬季：雪景与寺庙相映，别有一番风味

▲ 图 3-9　根据主要景点门票和活动信息生成分析文件（部分）

舟山特色美食与推荐餐厅

舟山作为中国重要的渔场之一，以其丰富的海鲜资源和独特的烹饪方式闻名。在饮食方面自然以海鲜为特色，烹饪的主要特点为清蒸、酱浸、盐浸、风干、生吃等多种方式。下面为您详细介绍舟山的特色美食和推荐餐厅。

舟山特色美食

###1. 舟山海鲜

舟山有很多海鲜大排档，也有不少价格高的海鲜酒楼可供大家享用美味。舟山的海鲜种类繁多，新鲜度高，价格相对内陆城市更为实惠。

** 推荐品种 **:

- 梭子蟹：肉质鲜嫩，营养丰富，可清蒸、红烧等多种烹饪方式
- 基围虾：个头大，肉质紧实，口感鲜甜
- 花蛤：肉质饱满，鲜美可口
- 蛏子：肉质鲜嫩，营养丰富
- 牡蛎：富含蛋白质和矿物质，口感独特

2. 梅子酒

舟山海鲜当道的饮食系统无意间促成了梅子酒的市场，性温的梅子酒搭配海鲜正好可以中和海鲜的生冷，对于初来乍到的游客来说简直就是福音。梅子酒不仅可以作为饮品，还能用于烹饪海鲜，增添风味。

▲ 图 3-10 整理、生成舟山特色美食并推荐餐厅分析文件（部分）

步骤 3：自动生成分析结果（系统自动）

Manus 着手编辑并整合所有搜集的信息，进而生成一份详尽的旅游攻略。随后，系统顺利地提交了最终的旅游攻略，并圆满完成了待办事项清单。最终，我们可以轻松下载旅游攻略报告。

在使用 Manus 的时候，我们应该注意掌握以下技巧。

明确需求与任务拆解：在向 Manus 提出需求时，需清晰描述旅行目标、时间、地点和偏好。明确的需求能帮助系统精准拆解任务，生成可执行的待办清单。

例如，输入需求时需包含关键信息：旅行目标（如放松身心文化体验）、时间（如 3 月底）、地点（如浙江舟山）、偏好（如喜欢海岛风光、偏好当地美食）。

Manus 将自动生成“地理位置分析—天气研究—交通规划—住宿筛选—景点推荐—美食推荐”的任务链。

Manus 旅行助手，作为全球首款通用型 AI Agent 产品，能够提供全方位的支持和帮助，让我们的旅行变得更加轻松和愉快。无论我们是想要放松身心、开阔眼界，还是进行商务洽谈、文化交流，Manus 都能满足我们的需求。现在，就让我们一起踏上这段美妙的旅程吧！

3 个人生活规划：调整生活节奏

在快节奏的现代生活中，要想保持生活的井然有序，我们必须精心规划自己的时间。这样，我们便能轻松驾驭生活，减轻压力，提升效率，同时也能感受到满满的幸福。

Manus 能够帮助我们将生活打理得井井有条。它通过分析我们的作息时间，能够给我们提供最佳的调节方案，并根据任务的重要性和紧急性进行排序。这样我们就能集中精力，优先处理重要事项，避免被琐事牵绊。Manus 还会为每个任务设定明确的时间段，帮助我们减少拖延现象。此外，它还利用日历或时间管理工具来设置提醒，确保我们的时间得到充分利用。

需要注意的是，良好的作息、均衡的饮食和规律的锻炼是维持有节奏的生活的基础。即便 Manus 能制订最佳时间规划，我们仍需确保执行到位，坚持规律作息，远离熬夜和不良饮食习惯。工作学习之余，别忘了安排休息娱乐，适度放松能减压，提升效率和生活品质。我们应每周或每月抽出时间，反思自己的生活节奏是否合理，是否需要做出调整，并根据自身情况灵活调整计划，使生活更加有序和高效。运用这些小技巧，你就能将生活安排得井井有条，每天都过得充实而有意义，成就感满满。

想让 Manus 如我们预期的那样完成任务，最为重要的就是要清晰地描述我们的需求。当我们需要 Manus 帮助我们进行生活规划时，可以参考以下模板并向 Manus 提供以下关键信息。

- 身份背景：例如，初入职场的新手，每日通勤耗时 1 小时，经常需要加班。
- 核心痛点：例如，工作占据了个人时间，导致无法坚持规律的健身习惯；周末过度使用手机进行补偿性放松，结果周一感到疲惫不堪。
- 期望功能：例如，智能识别并划分"不可压缩时间"（如睡眠和通勤时间）；提供 15 分钟碎片时间的有效利用方案；制定周末低能量消耗活动的清单。

基于上述思考，我们向 Manus 提出详细需求：作为职场新人，我每日通勤 1 小时，频繁加班使得个人时间被压缩，无法规律健身，周末则常因过度使用手机而疲惫不堪，影响周一的工作状态。望 Manus 能分析我生活疲惫的根源，并提供易于操作的优化方案，包括 15 分钟碎片时间利用策略及周末低能耗活动建议，确保方案切实可行。

将以上需求发送给 Manus 后，耐心等待即可。

在使用 Manus 的时候，我们应该注意掌握以下技巧。

- 确定核心需求关键词：用精练的词汇总结主要问题，例如，时间管理（包括碎片化时间利用、拖延症、精力合理分配等）、目标规划（涉及将长期目标细化、确定短期任务的优先级等）、习惯养成（如养成早起、定期运动、持续阅读的习惯等）、平衡性需求（平衡工作、学习与休息、娱乐的时间比例）、压力管理（如缓解焦虑、调节情绪等）。

- 描述具体场景的关键词：补充细节，以便 Manus 更好地理解我们的生活方式。

身份标签：学生、职场人士、自由职业者；独居或家庭生活。

典型问题：下班后难以高效地利用时间、周末补偿性放松导致工作日疲劳、在处理多项任务时容易分心。

理想状态：每天能专注 3 小时进行深度学习、保证每晚 11 点前上床睡觉、每周安排时间进行自我反思。

- 功能性需求关键词：明确我们希望 Manus 提供的具体工具或服务：日程模板（如灵活的日程安排、严格的时间管理模块等）、提醒机制（如逐步提醒、截止日期预警等）、数据分析（包括时间使用报告、习惯打卡统计等）、自适应调整（如动态优先级排序、节假日模式调整等）、激励系统（如获得成就徽章、进度可视化展示等）。

- 进阶技巧：

分层描述：先设定整体目标（如构建抗压的生活节奏），然后细化子需求（如睡眠质量、定期运动、工作与休息的平衡等）。

绑定场景：关联具体场景的关键词（如通勤途中学习、会议间隙进行冥想等）。

掌握这些小技巧，我们便能轻松掌握 Manus，让生活规划变得异常简便。在处理工作与生活平衡的问题时，Manus 同样表现出色。它可以让我们合理安排工作与休息的时间，确保在工作之余留出充足的时间用于放松和娱乐。借助 Manus 的帮助，我们的生活节奏将变得井然有序，效率显著提升，压力得以减轻，同时还能享受充实且富有意义的生活。只要我们能够清晰地表达自己的需求，Manus 就能在繁忙的现代生活中帮我们找到那个理想的平衡点。

4 职业规划师：用科技平衡理想与现实

职业规划在追梦路上至关重要，尤其在科技日新月异的当下，它能帮助我们平衡理想与现实。Manus 作为出色的职业规划顾问，能深入剖析我们的兴趣、技能、价值观及职业目标，结合科技与市场趋势，为我们定制可行的发展路径。Manus 运用多种工具和技术，帮助我们识别自身的优势与不足，并提供个性化的培训与提升方案，以助我们在职场中做出明智的选择。无论是换工作、晋升，还是创业，Manus 职业规划师都能给我们提供全方位的支持。

为了使 Manus 能够为我们提供更精准的职业规划，我们需要向 Manus 提供准确的信息，清晰地描述我们的需求。具体来说，我们可以参考以下模板向 Manus 提供一些关键信息。

- 当前画像：例如，3 年教培行业课程顾问，擅长用户需求分析；掌握基础 SQL 和 Python 编程语言，考取 PMP（项目管理人员）证书；行业受到政策冲击需转行，倾向于互联网领域。
- 核心目标：例如，一年内转型 B 端产品经理（教育科技方向优先）；3 年内薪资涨幅超过 50% 且带团队。
- 主要障碍：例如，缺乏产品实操经验（产品需求文档及原型设计）；对 B 端业务逻辑理解碎片化。

- 需求清单：例如，教育科技赛道机会分析报告；产品岗技能补足优先级排序；推荐低成本试错方案（如内部转岗或副业接单）；职业发展规划。

依照以上思路，我们可以向 Manus 提出具体的需求：我拥有 3 年教培行业的课程顾问经验，擅长分析用户需求，并熟练掌握基础的 SQL 和 Python 编程语言。我已成功考取 PMP 证书，但受到行业政策的影响，我正在寻求职业转型，且对互联网领域特别感兴趣。我的目标是成为 B 端产品经理，尤其倾向于教育科技领域。转型后，我期望 3 年内薪资增长超过 50%，并有机会领导团队。但我意识到，自己缺乏实际产品管理经验，对 B 端业务逻辑理解不足。为此，我需要一份教育科技领域机会分析报告，以及一套符合我的背景的产品岗位技能提升优先级排序。我还寻求低成本试错方案，如内部转岗、开展副业等。最后，我期待得到一份全面的职业发展规划建议。将以上需求发送给 Manus，接下来耐心等待即可。

在使用 Manus 的时候，我们应该注意掌握以下技巧。

- 核心背景关键词（你是谁？）：Manus 能够根据我们的职业起点进行定位。

  身份标签：应届生、职场新人、转行者、管理层。

  行业领域：互联网、金融、教育、医疗等（可细化至跨境电商运营等具体领域）。

  技能标签：数据分析、项目管理、编程语言（如 Python）、设计工具（如 Figma）。

当前状态：面临技能与岗位不匹配，行业下行需转赛道，晋升瓶颈期等问题。

- 目标关键词（想去哪里？）：明确理想职业状态，避免模糊描述。

短期目标（1 ~ 3 年）：目标包括从执行岗转型为团队管理，考取行业认证（如 PMP），加入头部公司核心项目组。

长期愿景（5 ~ 10 年）：愿景包括成为垂直领域专家（如 AI 医疗产品经理），创业解决行业痛点（如可持续能源方向），实现工作地点自由（远程或跨国办公）。

价值排序：重视高薪、稳定性、成长性、社会价值、工作和生活的平衡。

- 痛点关键词（卡点在哪里？）：识别阻碍职业发展的核心问题。

信息差：包括不了解目标岗位对应聘者能力的要求，新兴行业趋势判断困难（如人工智能生成内容对岗位的影响）。

能力断层：表现为技术岗位缺乏商业思维，管理岗位缺失数据分析能力。

决策困境：涉及转行风险与收益评估，35 岁危机应对策略。

- 功能需求关键词（需要什么工具？）：明确希望 Manus 提供的职业规划支持。

职业路径模拟：提供 A/B 路径对比（如继续深耕还是转行），薪资成长曲线预测。

竞争力分析：包括与目标岗位的匹配度雷达图，可迁移技能识别。

动态策略：提供行业抗风险能力评估，AI 面试模拟 + 话术库，人脉拓展路线图（如细分领域峰会或社群）。

- 进阶技巧。

绑定行业趋势：加入关键词如人工智能生成内容对岗位替代性评估，出海业务机会洞察。

量化指标：明确期望结果（如 3 个月内构建作品集，领英新增 100 多个精准人脉）。

反馈机制：要求阶段性诊断（如季度竞争力迭代报告、面试失败案例复盘等）。

掌握这些技巧后，我们能更高效地与 Manus 进行互动，进而获得更精确的职业规划建议。这将为我们的职业发展提供持续的支持与指导。要记住，职业规划是一个长期的过程，要求我们不断地学习、适应和调整。借助 Manus 的帮助，我们可以更加自信地迎接未来的挑战，实现我们的职业抱负。

5 乐曲改编：把你的故事变成动人的旋律

在这个充满创意与个性的时代，短视频平台不仅为用户提供了展示自我的舞台，还孕育了许多令人难忘的乐曲。这些乐曲以其独特的魅力和广泛的传播力，成为无数人心中的经典。将故事改编成一首动人的歌曲，无疑是能将个人情感与大众文化完美结合的绝佳方式。改编歌曲不仅趣味横生，成就感满满，还可能给我们带来收益，真正实现双赢。

首先，选择一首与你的故事主题相契合的乐曲作为基础至关重要。这首乐曲应当能够唤起听众的情感共鸣，使其在听到旋律的瞬间，就能感受到你所要传达的情感和故事。例如，在紧张刺激的场景中，可以选择一些旋律紧张、快速的乐曲，而在温馨浪漫的场景中，可以选择一些柔和、浪漫的音乐。接下来，我们可以根据自己的故事内容，对歌词进行适当的修改和创作，使其更加贴近我们的经历和情感。

改编时，务必保留原曲的旋律与节奏之美，以此借助歌曲自带的魅力，使听众更容易接纳并爱上我们的作品。同时，我们也可以在某些部分加入自己的创新元素，如独特的乐器伴奏或新颖的演唱方式，使改编后的歌曲更具个性和辨识度。

此外，通过短视频平台的多样化功能，我们能够以视觉化的方式展示故事和歌曲，增强其感染力。选择合适的场景、道具和拍摄手法，结合平台规则和用户喜好，制作高质量的视频内容。利用关键词和标签优化视频标题和描述，确保视频长度适当，以吸引观众。同时，通过社交媒体推广并与观众互动，提高用户的参与度。此外，还可以利用一键分发和多账号管理工具，提高视频的曝光度。通过精心剪辑和后期制作，我们的短视频将更具吸引力，能够更好地传达我们的情感和故事。最后，发布作品时，记得添加相关的话题标签，这样可以增加作品的曝光度，让更多人有机会听到我们创作的动人旋律。

小明有一个创意，打算将经典的钢琴曲《茉莉花》和《小燕子》进行改编，创作成一首全新的歌曲。他期望将日本著名音乐家坂本龙一的独特音乐元素融入其中，为这两首脍炙人口的旋律赋予全新的听觉感受，接下来我们就用 Manus 来试一试。

步骤 1：登录 Manus，并向它发送需求（人工操作）

首先登录 Manus，在对话框中详细描述自己的需求：你现在是一名作曲大师，帮我把《茉莉花》和《小燕子》的钢琴曲改编成一首歌，再融入坂本龙一的风格，完成以后写成乐谱，保存为 PDF 格式并发给我。

Manus 收到需求后，立即响应，并生成待办事项清单（见图 3-11）。

音乐改编项目 :《茉莉花》与《小燕子》融合坂本龙一风格

研究阶段
-[ ] 研究《茉莉花》的音乐特点、调性和结构
-[ ] 研究《小燕子》的音乐特点、调性和结构
-[ ] 研究坂本龙一的音乐风格、特点

创作阶段
-[ ] 分析如何融合两首中国民歌
-[ ] 设计融入坂本龙一风格的元素
-[ ] 创作完整的钢琴曲改编

制作阶段
-[ ] 使用音乐制谱软件生成乐谱
-[ ] 转换为 PDF 格式
-[ ] 检查最终生成的 PDF 的质量

交付阶段
-[ ] 将 PDF 乐谱发送给用户

▲ 图 3-11　生成音乐改编待办事项清单

步骤 2：数据分析，并生成结果（系统自动）

Manus 分析并整理歌曲《小燕子》的特点（见图 3-12），并研究坂本龙一的音乐风格（见图 3-13），生成我们最终想要的歌曲和乐谱文件，供我们下载。

《小燕子》音乐特点研究

基本信息

- 名称 :《小燕子》
- 创作时间 :1957 年
- 填词 : 王路、王云阶
- 谱曲 : 王云阶
- 原唱 : 王丹凤
- 音乐风格 : 儿歌

音乐特点

调式特点

- 五声宫调式
- 原调为 Bb 大调
- 旋律多以小三度上行五声音阶式进行

节奏特点

-4/4 拍
- 几次出现了附点音符，巧妙地结合了语言的节奏、韵律
- 曲调平稳流畅

结构特点

- 由一气呵成的通谱歌形式写成
- 结构简单明了，适合儿童演唱

旋律特点

- 旋律吻合语言的声调
- 简单优美的曲调
- 充满童趣的生活场景描绘
- 连续半音下行低音是其编配特点之一

▲ 图 3-12　分析并整理歌曲《小燕子》的特点

坂本龙一音乐风格研究

基本信息

- 日本著名音乐家、作曲家
- 多元化的音乐风格，跨越多种音乐类型
- 被誉为"音乐界的自由灵魂"

音乐风格、特点

多样性与融合

- 风格极为多样，不断探索新的音乐表现形式
- 精通多种音乐类型：现代、古典、爵士、电子、摇滚、实验、民族音乐
- 善于将传统日本音乐与现代西方音乐形式相融合
- 融合电子音乐与传统音乐元素

钢琴风格

- 简约而富有表现力的钢琴演奏风格
- 《草蜢》等作品展现简约的钢琴风格
- 钢琴独奏版本的作品更为专注内敛
- 在《Playing the Piano 2009》等作品中展现纯粹的钢琴演奏技巧

和声特点

- 和声上偏向 fusion 风格（融合爵士）
- 受 YMO① 时期两位良师益友的影响
- 风格源头更偏向于学院派与古曲音乐

艺术特色

- 极简、大气的音乐景观
- 创作中风格多变、融会贯通
- 集传统与现代于一身
- 中学时期受阿希尔 - 克劳德·德彪西的影响深厚
- 善于营造特定的音乐氛围和情境

▲ 图 3-13　整理并研究坂本龙一的音乐风格研究

① YMO（Yellow Magic Orchestra）是指日本音乐家细野晴臣、坂本龙一和高桥幸宏三人组建的乐队。

在使用 Manus 的时候，我们应该注意掌握以下技巧。

音乐需求的精准传达技巧：三维定位法。

基础经典：明确指定原曲（如《茉莉花》与《小燕子》相结合的钢琴曲）

风格融合：使用“艺术家 + 流派”的组合来精确描述（如结合坂本龙一的极简主义电子风格）

交付标准：明确输出格式（如 PDF 乐谱或 MP3 试听文件等）

附加参考：提供曲目时间戳（如参考《Energy Flow》中 00:45 ～ 01:30 的段落节奏）

我们可以把个人的精彩故事编织成一首饱含深情的歌曲，借助热门的短视频平台，与广大听众共享这份感动。在这一过程中，我们既能展现自己的创意与才华，又能与听众建立深厚的情感纽带，使故事与音乐成为心灵相通的桥梁。通过这种方式，我们可以让更多人感受到我们的经历和情感，从而产生共鸣，建立起一种无形的联系。这样的分享，不仅能带来愉悦与满足，更能为我们的生活添上一抹亮丽的色彩。

6 MBTI 性格分析：帮你探寻真实的自我

MBTI（全称为 Myers-Briggs Type Indicator，即迈尔斯－布里格斯类型指标）性格分析，基于迈尔斯－布里格斯理论，通过一系列科学的方法和理论，旨在揭示个体的性格特点。它能帮助人们更好地了解自己的行为模式和内在需求。在全球范围内，MBTI 的 16 种人格类型分布具有一定的比例，例如，ISFJ（守卫者型）、ESFJ（执政官型）、ISTJ（物流师型）类型所占比例较高，而 INFJ（提倡者型）、INTJ（建筑师型）、ENTJ（指挥官型）类型所占比例较低。尽管 MBTI 的准确性和科学性存在争议，但其在揭示个体性格类型方面仍具有一定的价值和用途。MBTI 性格分析不仅仅是停留在表面上的行为观察，而是深入心理层面，挖掘那些影响我们的决策、情感和人际关系的内在因素。

通过 MBTI 性格分析，个体可以获得对自己性格的全面认识，了解自己在不同情境下的反应和行为倾向。这种分析方法通常包括一系列的问卷调查、心理测试和评估。通过这些工具，个体可以清晰地看到自己在各个维度上的得分和特征。

MBTI 性格分析是一种强有力的工具，不仅能够帮助个体探寻真实的自我，还能在个人成长、职业发展和人际交往中发挥重要作用。通过这种分析，人们可以更好地理解自己，发挥自身潜力，实现更加丰富多彩的人生。

小明近期对自己的性格特质感到迷茫，不确定自我定位。为深入了解自己，他决定尝试 MBTI 性格测试，期望借此发现真实的自我。我们采用 Manus 工具进行 MBTI 测试，并分析所得数据，以评估测试效果。

步骤 1：登录 Manus，并向它发送需求（人工操作）

首先登录 Manus，详细描述自己的需求：请访问________________（网址）这个 MBTI 性格测试网站对自己进行测试，诚实回答，找出我的性格类型。

步骤 2：Manus 访问网站，用户配合测试（人工操作）

Manus 调取网址，我们可以在 Manus 上面直接进行题目的测试。

步骤 3：Manus 分析数据，并生成结果（系统自动）

Manus 依据 MBTI 测试结果，结合数据分析，生成了最后的性格特点分析报告，同时考虑了 MBTI 测试在可靠性和效度方面的争议（见图 3–14）。

从测试结果中可以看出：

- 您通常更容易被让您有情感共鸣的东西说服，而不是纯粹的事实观点（这符合 F- 感受偏好）
- 您可能认为与陌生人打交道或向陌生人推销自己的想法有些困难（虽然是 E- 外向，但可能在某些社交情境中仍有保留）

ENFP 的日常生活特点：

- 友好而外向，致力于丰富自己的关系和社交生活
- 在善于交际的外表下，拥有丰富而充满活力的内心生活
- 以独特的方式内省，不禁思考生命的更深层次含义和意义
- 相信一切事物及每个人都是相互联系的
- 能够在寻常日常生活中找到神奇的意义
- 当某件事情激发你的想象力时，会表现出充满感染力的热情

▲ 图 3-14 生成 MBTI 的性格特点

在使用 Manus 的时候，我们应该注意掌握以下技巧。

精准需求设计技巧：测试环境设定。

自然态指令：要求系统模拟真实人类的测试行为。

数据源指定：明确指定测试的网址或版本。

附加测试约束条件，例如，在 15 分钟内完成测试，模拟紧急决策状态。

人格维度扩展：主动要求增加分析维度，包括职业适配度雷达图，压力状态下的性格偏移预测，以及与典型人格的相似度对比（如 INTJ 与爱因斯坦人格匹配度）。

Manus 生成 MBTI 性格特点分析报告后，需细致阅读并深入解读其内容。深入理解 MBTI 报告之后，下一步是制订个人成长计划。该计划应依据个人性格特点，设定实际可行的目标，以促进个人发展，而 Manus 能在此过程中提供有力支持。例如，INTJ 类型的人可能需要在做决策时更多地考虑他人的情感需求，或者在团队合作中发挥自己的组织和规划能力。MBTI 性格分析不仅有助于个体深刻认识自我，还为个人成长及职业发展提供了坚实的支撑。最终，每个人都能在 Manus 的帮助下，实现自我提升，过上更加充实和有意义的生活。

第四章

Manus 学习进化引擎

如果我们渴望提升自己的学习效率和成绩，Manus 将成为我们强大的伙伴，确保我们在学术旅程中一路顺利。相关实证研究表明，创新教育科技、教师专业发展及有效的课后辅导策略，都能显著提升学生的学业成绩。Manus 不仅能够帮助我们更高效地管理时间，还能提供丰富的学习资源和工具，使我们的学习过程更加高效有序。借助 Manus 的智能功能，我们将轻松发现最适合自己的学习策略，跨越学习障碍，实现学业上的飞跃。

Manus 能够协助我们规划中小学升学路径，根据学习数据，量身定制升学计划，帮助我们选择合适的学校和课程，为未来打下坚实的基础。在高考志愿填报阶段，Manus 能够提供一份全面的分析报告。该报告深入研究了历年高考数据、大学录取分数线及专业就业趋势，综合考虑考生的个人情况、专业选择、院校选择等多个方面，帮助考生找到最适合自己的大学和专业。

Manus 能够帮助我们整理学习笔记，提炼学习的要点，将复杂的学习内容转化为易于理解、记忆的笔记。它还是超强的论文写作助手，能够让我们轻松应对学术报告和研究论文等写作挑战。它能帮助我们理清思路，提供学习框架，让学习变得轻松而高效。

对于创意工作者而言，Manus 还是超强的灵感助手。它提供了丰富的艺术创作灵感和素材，帮助我们突破创作瓶颈，释放无限潜能。

Manus 是真正的个性化学习助手，能够根据我们的学习习惯、兴趣和目标，为我们定制专属的学习方案，并运用智能算法推荐最适合的学习资源、计划和方法，帮助我们轻松实现学习目标。

1 学习数据搜集：小学升学规划

当孩子面临中小学择校难题时，我们不妨考虑使用 Manus。因为 Manus 能够搜集并分析关于中小学升学的宝贵信息，整合各类教育资源、学校的录取分数线及师资力量等关键信息，为家长和学生提供升学政策、考试资讯和备考指南。借助 Manus，我们将获得一份既科学又全面的升学规划建议，涵盖从学术能力评估到职业规划与兴趣发现，再到个人发展规划等各个方面。这些数据的得出基于大量的数据分析，并且充分考虑了每位学生的个性化特点和需求，是真正为孩子的个性特征量身定制的方案。

小明家的孩子即将迎来人生中的一个重要阶段，那就是步入小学阶段。此时，我们将详细讲解如何利用 Manus 为小明家的孩子定制一份专属升学规划，助其顺利适应新环境。

步骤 1：登录 Manus，并向它发送需求（人工操作）

首先登录 Manus，在对话框中详细描述自己的需求：我想为孩子在深圳寻找一所可以插班入读的小学，希望学校的氛围能像某下关小学那样，对学习成绩没有要求，不强调应试压力，整体氛围轻松、朴实；

而且我的孩子成绩不好，如果学校对成绩有要求，就很难入学。请问在深圳，我应该如何寻找和筛选这类小学？在插班入学方面，又有哪些需要特别注意的地方或政策吗？

Manus 接到需求后，迅速响应，立即在互联网上搜索并收集与小学相关的资料。

步骤 2：分析数据并生成结果（系统自动）

Manus 根据收集到的数据，制定了待办事项清单（见图 4-1），分析了某下关小学的特色，并对深圳具有轻松氛围的小学进行了深入的数据分析和总结，最终编制出个性化的择校报告（见图 4-2）。

```
# 深圳轻松氛围小学及插班入学指南

## 任务清单

### 1. 了解某下关小学的特点
-[ ] 搜索某下关小学的相关信息
-[ ] 访问知乎文章了解其详细特点
-[ ] 整理某下关小学的关键特征（氛围、教学理念等）
-[ ] 总结作为参考标准的特点列表
###2. 研究深圳具有轻松氛围的小学
-[ ] 搜索深圳教育体系概况
-[ ] 寻找深圳氛围轻松的小学
-[ ] 筛选不强调应试压力的学校
-[ ] 整理候选学校列表
```

3. 识别对学习成绩要求低的学校
-[ ] 研究深圳各区小学入学要求
-[ ] 筛选对成绩要求不高的学校
-[ ] 查找适合成绩不理想学生的学校
-[ ] 更新候选学校列表
###4. 研究插班入学政策和程序
-[ ] 了解深圳小学插班入学的一般政策
-[ ] 查询各区教育局关于插班的规定
-[ ] 收集候选学校的具体插班要求
-[ ] 整理插班入学所需的材料和流程
5. 汇总合适的学校的详细信息
-[ ] 整理符合条件的学校的完整名单
-[ ] 收集各学校详细的联系方式
-[ ] 记录学校地理位置和交通情况
-[ ] 汇总学校特色和教学理念

▲ 图 4-1 生成升学规划待办事项清单

深圳对学习成绩要求较低的小学

根据收集到的信息，以下是深圳地区对学习成绩要求相对较低、更适合成绩不佳的学生的小学，主要集中在国际学校和私立学校领域：

1. 对成绩要求较低的学校

深圳某文学校

- 入学要求特点：不会以学术成绩作为入学的唯一标准，更注重学生的综合素质和潜力
- 教育理念：创新教育是该校最明显的标签，注重让孩子享受学习的快乐
- 适合人群：适合那些希望在轻松的环境中学习，不以升入名校为最终目标的学生

- 学费参考：×× 万元 / 年（较高）
- 地址：广东省深圳市某区

某沙书院

- 入学要求特点：在管理上偏向宽松自由，不设重点班
- 教育理念：注重学生的全面发展，提供多元化的课程选择
- 适合人群：适合那些需要自由发展空间，不适应严格管理的学生
- 学费参考：×× 万元 / 年
- 地址：深圳市某区

▲ 图 4-2　生成个性化择校报告

在使用 Manus 的时候，我们应该注意掌握以下技巧。

- 精准定位需求的技巧：采用三维需求构建法。

教育理念的锚定：通过参照物进行定位（如参照具有类似某下关小学的非应试教育氛围）。

明确硬性条件：清晰界定限制条件（如不强调成绩 + 接受插班生）。

深入挖掘隐藏需求：提出补充指令（如优先选择开设艺术疗愈课程的学校）。

对教育关键词进行权重排序（如轻松氛围权重为 60%、师生比例权重为 30%、通勤便利性权重为 10%）

采用地域化表达策略：运用城市特有的标签，在深圳的案例中可以添加如关注南山区的教育改革实验学校，排除国际学校，需提供近 3 年的插班成功率数据。

- 动态追踪技巧：建立信息更新机制。

设定自动追踪指令，如每月更新目标学校的插班名额变化、新任教师背景及教育部门新政策的影响。

通过以上详细而具体的步骤和技巧，Manus 将协助家长和孩子一起制订出一份既科学又全面，并且极具个性化的升学规划。这份规划将为孩子的未来教育之路奠定坚实的基础，确保他们在未来的学术旅程中能够顺利前行。然而，升学规划绝非一成不变，它需随实际情况进行灵活调整。家长们需时刻留意教育环境的变化，以及孩子个人的成长与需求，不断调整规划，确保孩子能顺利适应多变的教育环境，最终实现他们的教育愿景。

2 学习数据搜集：高考志愿填报分析

高考是人生中的一个重要转折点，Manus 凭借其丰富的数据资源和先进的分析技术，能够为广大学子提供精准的高考志愿填报分析。这些数据资源包括历年高考分数线、各大高校的录取率，以及对专业就业前景的深入剖析。Manus 不仅提供权威准确的数据，还结合了教育部公布的所有大学信息和专业信息，以及《中华人民共和国职业分类大典》内的职业信息，确保学生和家长在填报志愿时能够做出明智和可靠的选择。Manus 还考虑学生的兴趣爱好、特长及未来职业规划，以确保每个人都能找到最适合自己的大学和专业。通过这种方式，学生们在职业发展道路上将能够更加稳健和长远地前进。

小明的妹妹即将迎来人生中一个重要的转折点——高考。在这个关键时刻，选择一个合适的专业就显得尤为重要。接下来，让我们深入探讨如何利用 Manus 这一工具，为考生提供一份精准且详尽的高考志愿填报分析报告。根据高考志愿填报情况调研与分析报告等资料，我们了解到，一份全面的志愿填报报告应涵盖学校概况、师资力量、科研实力、教学质量、就业前景等多方面内容。同时，考生和家长在填报志愿时，应考虑个人兴趣、专业前景、地理位置等因素。Manus 不仅能够帮助小明的妹妹分析各种数据和趋势，还能根据她的兴趣爱好、学习成绩及未来职业规划，给出科学合理的建议。这份分析可以帮助她深入了解各专业的前景、就业方向及能力需求，为她提供坚实支撑。

步骤 1：登录 Manus，并向它发送需求（人工操作）

登录 Manus，在对话框中详细输入需求：你是一个志愿填报专家，请针对一个 2025 年在陕西高考，理科生，高考分数 580 分，性格是 ENTJ 的女生写一份志愿填报分析报告，要结合性格、未来有前景的专业、全国的大学、大学所在城市、未来的工作薪酬等因素综合考虑。再补充一些学校，冲刺、稳妥、保底院校各 3 所，另外把职业发展也列一份清单，根据招聘平台的需求列一份清单分析。

Manus 收到需求后，迅速给予回应，并列出待办事项清单（见图 4–3）。

```
# 志愿填报分析报告任务清单

## 基础研究
-[ ] 研究 ENTJ 性格特点
-[ ] 分析适合 ENTJ 性格的专业方向
-[ ] 收集陕西高考理科 580 分能上的大学信息
-[ ] 研究各专业就业前景和薪资水平

## 大学推荐
-[ ] 整理冲刺院校推荐（3 所）
-[ ] 整理稳妥院校推荐（3 所）
-[ ] 整理保底院校推荐（3 所）
-[ ] 分析各推荐院校的城市环境
```

职业发展分析
-[ ] 基于招聘平台数据分析就业方向
-[ ] 整理各职业发展路径
-[ ] 分析薪资水平和晋升空间

报告撰写
-[ ] 撰写综合分析报告
-[ ] 审核并完善最终报告

▲ 图 4-3　提供志愿填报分析待办事项清单

步骤 2：Manus 匹配性格工作类型（系统自动）

Manus 利用网络搜索数据进行初步分析，随后深入探讨不同性格与对应工作类型的关联（见图 4-4）。

适合 ENTJ 性格的专业方向分析

ENTJ 性格与专业选择概述

ENTJ 型人格被称为"指挥官"或"统帅者"，具有外向、直觉、思考和判断的特点。他们是天生的领导者，具有战略思维能力、决断力和组织能力。在选择专业时，应考虑能够发挥其领导才能、战略思维和决策能力的方向，同时考虑个人兴趣和未来职业发展前景。

适合 ENTJ 性格的专业类别

1. 商业与管理类专业

ENTJ 型人格在商业和管理领域表现出色，他们善于领导和组织，思维敏捷，能够很好地应对商业环境中的挑战。

-** 工商管理 **: 发挥 ENTJ 的领导能力和商业思维

-** 市场营销 **: 利用 ENTJ 的战略思维和说服能力

-** 人力资源管理 **: 发挥 ENTJ 的组织协调和人际交往能力

-** 项目管理 **: 利用 ENTJ 的计划性和执行力

-** 国际商务 **: 适合具有全球视野的 ENTJ

2. 金融经济类专业

ENTJ 在金融领域也有优势，他们喜欢赚钱，也喜欢这个领域的竞争，能够运用预测趋势的能力。

-** 金融学 **: 发挥 ENTJ 的分析能力和决策能力

-** 经济学 **: 适合 ENTJ 的宏观思维和分析能力

-** 投资学 **: 利用 ENTJ 的战略思维和风险评估能力

-** 财务管理 **: 发挥 ENTJ 的组织和规划能力

-** 精算学 **: 结合数学能力和分析能力，适合理科背景的 ENTJ

3. 法律类专业

ENTJ 型人格通常善于逻辑推理和决策，在法律领域中，这些特点非常重要。

▲ 图 4-4　分析性格和工作类型（部分）

步骤 3：对各大学的录取数据进行分析（系统自动）

接下来，Manus 对高考分数、各个大学的录取分数进行分析并整理，并结合之前的性格与工作类型的分析数据，生成最终的高考志愿填报分析报告（见图 4-5）。

基于招聘平台数据的 ENTJ 职业发展分析

一、ENTJ 适合的职业发展路径

根据招聘平台的最新数据，结合 ENTJ 的性格特点，以下是几条特别适合 ENTJ 性格的职业发展路径。

1. 管理咨询 / 战略规划路径

起点职位 : 管理培训生、初级咨询顾问、业务分析师

中期职位 : 高级咨询顾问、项目经理、业务发展经理

高级职位 : 合伙人、战略总监、首席战略官

薪资发展 :

- 初级阶段（0~3 年）:8000~15000 元 / 月
- 中级阶段（3~8 年）:15000~35000 元 / 月
- 高级阶段（8 年以上）:35000~80000 元 / 月

某招聘平台数据 :

- 管理咨询顾问（初级）: 平均月薪 12000 元
- 管理咨询顾问（高级）: 平均月薪 28000 元
- 战略总监 : 平均月薪 45000 元

匹配 ENTJ 特点 : 充分发挥 ENTJ 的战略思维、分析能力和领导才能，满足其对挑战和成就的追求。

▲ 图 4-5　生成最终分析结果

在使用 Manus 的时候，我们应该注意掌握以下技巧。

精准构建需求的技巧：六维需求模型。

- 基础信息：涵盖省份、科类及分数（如陕西省、理科、580 分）。
- 性格特征：具体指明 MBTI 类型（如 ENTJ）及相关衍生需

求（如领导力培养机会）。

- 时空考量：覆盖全国范围，并结合城市发展潜力进行评估。
- 薪酬期望：与招聘平台的实时数据对接（以某招聘为例）。
- 风险管理：设计冲刺、稳健、保底的院校梯度策略。
- 扩展规划：将职业发展路径进行可视化展示。

通过上述步骤，Manus 能够为学子提供一份精确且全面的高考志愿填报分析，协助他们在人生的关键节点做出明智的决策，并依据个人实际情况，对志愿方案进行个性化调整。Manus 将不断更新分析报告，确保用户能够及时获取最新的志愿填报资讯。用户亦可反复调整志愿方案，直至寻找到最理想的结果。掌握这些技巧后，用户将更加从容地应对高考志愿填报。

3 论文写作助手：写学术报告

Manus，这一学术研究助手凭借人工智能的迅猛发展，正悄然改变学术界的面貌。它不仅能协助研究人员高效地整理和分析数据，还能轻松产出高质量的学术报告。Manus 的秘诀在于其运用自然语言处理和机器学习算法的能力，将研究数据、文献和假设转化为结构化的信息。研究人员只需提供实验数据、相关文献和研究假设，Manus 便能利用其整合的多个深度学习模型，进行高效分析，识别关键点，并将这些信息转化为结构化数据。基于这些数据，Manus 能够迅速生成包含文字、图表、公式及参考文献的学术报告初稿。这不仅极大地节省了研究人员的时间，还使他们能够更专注于实验和数据分析工作。

此外，Manus 生成的报告经过算法的严格校验，显著减少了错误，确保了报告的准确性和可靠性。这一点在 Manus 的内测反馈中得到了证实。在网页、报告和 PPT 等内容生成方面，Manus 展现出了强大的需求拆解能力和出色的多 AI 协作能力，但在信息整合和细节优化等方面还有提升空间。Manus 还能够根据研究人员的具体需求定制报告，无论是模板选择还是内容结构都可以灵活调整。它支持多学科领域，无论是自然科学、社会科学，还是工程技术，Manus 都能提供相应的支持。在生物医学领域，Manus 助力研究人员高效整理基因测序数据，快速生成图表及统计分析；在经济学领域，它能自动生成市场分析报告，还能引用前沿文献，确保报告时效与权威；在环境科学领域，Manus 整合监测数据，为政策制定提供科学依据。

未来，Manus 的潜力无限。随着人工智能技术的不断进步，Manus 在学术报告生成方面将变得更加智能，例如，能够自动识别关键问题，并提出解决方案的建议。

小明正着手撰写一篇关于历史领域的学术论文。他计划使用 Manus 工具，深入探究历史学研究的方法，并尝试了解该工具在辅助学者进行学术研究方面的实际效用。以下将详细讲解具体的操作步骤。

步骤 1：登录 Manus，并向它发送需求（人工操作）

登录 Manus，在提问框中输入我们希望 Manus 进行分析和整理的专业问题。我们可以向 Manus 提出如下问题：人类已经经历或将要经历石器时代、农耕时代、蒸汽时代、电力时代、计算时代、AI 时代及 AGI 时代，请整理这些时代中人类社会的核心生产要素、社会形态、劳动目标、教育模式等多方面的社会特征。

步骤 2：Manus 进行思考并进行工作（系统自动）

收到提问后，Manus 迅速回应，随即生成待办事项清单（见图 4-6）。随后，Manus 在互联网搜集石器时代相关学术资料，提炼出生产要素、社会结构、劳动目的等关键信息。

人类历史时代研究任务清单

研究各个时代的社会特点

石器时代

-[ ] 研究核心生产要素

-[ ] 研究社会形态

-[ ] 研究劳动目标

-[ ] 研究教育模式

-[ ] 研究其他社会特点

农耕时代

-[ ] 研究核心生产要素

-[ ] 研究社会形态

-[ ] 研究劳动目标

-[ ] 研究教育模式

-[ ] 研究其他社会特点

蒸汽时代

-[ ] 研究核心生产要素

-[ ] 研究社会形态

-[ ] 研究劳动目标

-[ ] 研究教育模式

-[ ] 研究其他社会特点

电力时代

-[ ] 研究核心生产要素

-[ ] 研究社会形态

-[ ] 研究劳动目标

-[ ] 研究教育模式

-[ ] 研究其他社会特点

▲ 图 4-6　生成人类历史时代研究待办事项清单

步骤 3：Manus 模拟人的行为搜集数据并存储（系统自动）

之后，Manus 模拟人类搜索行为，查看并滚动文献，按需浏览多个网页，分析提取信息，并创建 Markdown 文件存储。完成石器时代信息分析后，Manus 立即转向农耕时代信息搜索。

步骤 4：生成报告（系统自动）

基于搜索到的农耕时代数据，Manus 自动生成了分析报告，随后从相关网页中提取了农耕时代的信息，并据此生成了农耕时代的详细分析文档（见图 4–7）。在完成了农耕时代的研究分析后，Manus 继续对蒸汽时代、电力时代等其他时代进行了逐一分析，最终整合生成了一份完整的数据分析报告。

农耕时代社会特点研究

核心生产要素

农耕时代的核心生产要素主要包括：

1.** 劳动者 **：农耕时代的劳动者主要是农民，他们是生产活动的主体，提供基本的劳动力。

2.** 劳动资料（生产工具）**：包括各种农具（如锄头、犁、耙等）和灌溉设施，这些工具使用起来相对简单，主要靠人力和畜力操作。

3.** 劳动对象（自然资源）**：主要是土地和水资源，土地是农耕时代最重要的生产资料，也是财富的主要来源。

4.** 生产技术 **：农耕技术、灌溉技术、畜牧技术等，这些技术相对稳定，变革缓慢。

5.** 经验知识 **：农业生产经验和知识的积累与传承，如二十四节气、农谚等，指导农业生产活动。

▲ 图 4-7　生成农耕时代的分析文档（部分）

随着人工智能技术的不断进步和突破，Manus 在学术研究中的应用前景将变得更加广泛和深入。未来，Manus 有望成为学者们不可或缺的助手，帮助他们揭示每个学科背后更深层次的意义，为人类社会的发展提供智慧和启示。

在使用 Manus 的时候，我们应该注意掌握以下技巧。

- 明确研究需求，精准提问：在向 Manus 提出需求时，务必清晰、具体地描述研究目标和范围，明确需要分析的历史时期、研究维度（如生产要素、社会形态、劳动目标等）及输出形式。

例如，输入需求时，可以详细说明：请分析石器时代、农耕时代、蒸汽时代、电力时代、计算时代、AI 时代及 AGI 时代的社会特征，重点关注核心生产要素、社会结构、劳动目标和教育模式。

- 动态调整与新增需求：在研究过程中，如果需要补充或调整需求，可以随时向 Manus 提出新需求。Manus 能够动态调整任务清单，并继续执行任务。

例如，在完成石器时代和农耕时代的分析后，可以新增需求：请补充分析信息时代的教育模式变化，并重点关注技术对教育的影响。

- 多源数据整合与验证：Manus 能够从多个数据源（如学术论文、历史档案、百科条目等）中提取信息，并进行交叉验证。为了确保数据的准确性，我们需要观察 Manus 的执行过程，必要时新增需求，确保数据的准确性和可靠性。

例如，Manus 会对比不同来源的石器时代资料，确保提取的信息一致且可信。

凭借人工智能卓越的计算与数据分析能力，Manus 能够轻松应对海量文献、数据及资料的处理与分析，助力学者显著提升研究效率。通过机器学习和自然语言处理技术，Manus 能够识别和解读文献中的复杂模式和隐含信息，进一步深化学术研究的深度和广度。总之，随着人工智能技术的不断发展，Manus 在学术研究中的作用将越来越重要，成为学者们研究学术的得力助手。

4 个性化学习助手：定制学习方案

Manus 作为一款卓越的个性化学习助手，能够深入洞察每位学习者的内在兴趣与成长需求，精心打造专属的学习计划。借助智能分析和推荐系统，Manus 能够为我们找到最佳的学习路径，确保我们以最高效的方式提高学习成效。无论是巩固基础知识，还是提升高级技能，Manus 都能提供精准指导与全方位支持。这样，学习者不仅能够更深入地掌握知识，还能在学习的旅程中保持极高的参与度和兴趣，最终达成学习目标。

为了使 Manus 能够为我们提供精准个性化的学习方案，我们需要向 Manus 提供准确的信息，清晰地描述我们的需求。具体来说，我们可以参考以下模板向 Manus 提供一些关键信息。

- 学生画像：例如，六年级学生，数学长期稳定在 80 分（满分 100 分），语文作文偏题率高；优势是英语口语表达强，弱势是数学空间想象能力差。
- 核心目标：例如，3 个月内数学成绩提升至 95 分（重点突破圆柱、圆锥体积应用题）；本学期解决作文“开头冗长、论点模糊”问题。

- 当前问题：例如，数学学科，立体图形题需花 5 分钟以上读题，公式误用率为 40%；语文学科，积累素材多，但无法有效串联；学习时间方面，周末效率仅为工作日的 30%。
- 需求清单：例如，数学方面，希望提供分步拆解立体图形的题解动画库和同类题型的阶梯训练；语文方面，希望提供高频主题素材包（如环保、传统文化等）及论点提炼模板；时间规划上，建立周末 25 分钟学习 +10 分钟运动循环模式。

依照以上思路，我们可以向 Manus 提出具体的需求：六年级学生，数学 80 分稳定，作文易偏题；英语口语出色，数学空间想象能力不足。期望 3 个月内数学成绩提升至 95 分，重点突破圆柱、圆锥体积应用题；作文需解决开头冗长、论点不明等问题。数学学科，立体图形题阅读时间超 5 分钟，公式应用错误率为 40%；语文学科，素材丰富，但组织串联困难；时间管理上，周末效率仅为工作日的 30%。数学方面，需建立分步解题动画库和进行阶梯训练；语文方面，求高频主题素材包，如环保、传统文化，并提供一些论点模板；时间管理，建议周末 25 分钟学习 +10 分钟运动循环。基于以上情况，请给学生生成定制化的学习方案。将需求发送给 Manus，接下来耐心等待即可。

在使用 Manus 的时候，我们应该注意掌握以下技巧。

- 核心学习目标关键词：定义学习方向和期望成果。

领域或技能：例如，语言学习（如雅思 7 分）、编程（Python 数据分析）、考证（注册会计师）、学术研究（论文写作）等。

应用场景：例如，职场晋升、留学申请、副业变现、兴趣探索等。

成果指标：例如，3 个月掌握基础法语日常对话，6 个月产出机器学习实战项目，通过特许金融分析师一级考试且分数大于等于全球前 10% 等。

- 当前状态关键词帮助 Manus 评估起点。

现有水平：零基础、入门、进阶（需具体描述，如雅思 5.5 分，写作薄弱）。

知识储备：相关学科基础（如高等数学 80 分）、工具掌握（如 Excel 熟练，Tableau 入门）等。

学习历史：曾自学过 Python，但中途放弃了；参加过线上训练营，但缺乏实操等。

- 学习约束条件关键词：明确时间、资源等限制。

每日可用时段：通勤 30 分钟 + 晚间 2 小时和周末全天。

精力峰值：晨型人、夜猫子、碎片化学习等。

经济预算：免费资源优先，可接受付费课程（如不高于 2000 元）等。

设备限制：仅限移动端、依赖电脑、离线学习需求等。

- 学习风格偏好关键词：定义适合你的方法论。

输入方式：视觉型（图表或视频）、听觉型（播客）、实践型（项目驱动）等。

节奏控制：高压冲刺型、渐进沉浸型、游戏化任务解锁。

反馈机制：周测试检验、即时正反馈、社群监督。

抗干扰需求：防拖延设计、专注力训练模块。

- 障碍与痛点关键词：提前预警潜在失败风险。

知识断层：统计学基础薄弱影响机器学习理解，专业术语过多导致文献阅读困难。

动力问题：自学容易三分钟热度，缺乏应用场景难坚持。

资源焦虑：教程太多不知如何筛选，最新技术迭代速度快，资料陈旧。

- 功能需求关键词：明确需要 Manus 提供的工具类型。

智能拆解系统：将目标分解为可执行微任务，关键节点里程碑预警。

资源矩阵：免费开源工具包 + 精选付费课程清单，领域必读论文、书籍优先级排序。

动态调整机制：根据每周完成度自动优化进度，薄弱环节针对性加练方案。

整合性设计：与现有知识管理工具联动（如笔记软件 Notion），工作、学习场景无缝切换模式。

- 进阶技巧。

绑定应用场景：如学习成果需直接用于当前工作汇报 / 副业接单。

量化容错率：明确可接受的弹性空间（如允许每周 2 次未完成计划）。

设定压力阈值：标注高压红线（如单日学习不超过 3 小时以防疲劳）。

反馈颗粒度：指定复盘频率（如每 50 小时学习生成能力变化雷达图）。

根据评估结果，Manus 将为每位学生量身打造一份全面、个性化且高效的学习计划。此计划将包含清晰的学习目标、精心挑选的学习材料、适合个人特点的学习方法，以及科学的学习时间安排。借助这些详细的规划步骤，Manus 将帮助学生在数学和语文两大领域取得显著的进步。最终，学生将能够达成核心学习目标，不仅在学科成绩上实现飞跃，还能在学习能力和思维能力上获得全面的发展。

5 笔记神器：智能梳理核心知识

在学习过程中，做好笔记至关重要，Manus 可以让我们轻松地整理和梳理知识点。Manus 具备智能识别和分类功能，能够将所学内容转化为清晰的知识架构，从而提升我们的理解和记忆效率。借助 Manus，我们能够轻松地对笔记进行分类整理，便于日后快速查找和高效复习。此外，Manus 支持多种格式的导入、导出功能，确保我们的笔记能够与各种学习工具无缝集成，从而显著提高学习效率。总而言之，Manus 是我们学习过程中不可或缺的得力助手，它能帮助我们显著提升学习效率。

为了使 Manus 能够为我们整理并输出核心笔记，我们需要向 Manus 提供准确的信息，清晰地描述我们的需求。具体来说，我们可以参考以下模板向 Manus 提供一些关键信息。

- 学科背景：例如，八年级物理（人教版），当前学习压强浮力单元；已掌握基础公式，但实验题得分率低于 60%。
- 核心目标：例如，建立压强计算—浮力公式—实验设计的逻辑链路；整理五种常考实验题解题模板（如液体压强探究题四步法等）。

- 现存问题：例如，混淆固体、液体压强公式适用场景；实验题语言描述不专业导致扣分；笔记中例题与知识点未对应。
- 需求清单：例如，核心笔记需包含压强公式对比表（标注单位换算陷阱）、实验题专业术语库（如多次测量取平均值的三种表述）、错题本直通入口（单击知识点跳转对应错题），附加工具包括实验器材图鉴（带放大标注点的 3D 模型）、睡前五分钟考点语音包。

依照以上思路，我们可以向 Manus 提出具体的需求：我目前正在学习八年级物理（人教版），专注于压强和浮力单元。我虽已掌握基础公式，但实验题得分率仅 60% 左右。我期望能构建一个连贯的逻辑体系，从压强计算延伸至浮力公式，再进一步到实验设计。为此，我需要整理出五种常见实验题的解题模板，例如，液体压强探究题的四步法。目前，我在固体和液体压强公式的应用上存在困惑，实验题的语言表达欠专业影响得分，且笔记中例题与知识点对应不佳，影响掌握程度。我希望你能帮我整理出八年级物理的核心笔记，包括一张压强公式对比表（特别标注单位换算中的潜在陷阱）、一份实验题专业术语库（如多次测量取平均值的三种不同表述），及一款错题本整理软件（允许单击知识点直接跳转到相应的错题），附加工具应包括一份实验器材图鉴（附带放大并标注关键点的 3D 模型）及一个睡前五分钟的考点语音包。将需求发送给 Manus，接下来耐心等待即可。

在使用 Manus 的时候，我们应该注意掌握以下技巧。

- 核心信息关键词：定位学科与知识模块。

学科标签：初中数学、高中物理、小学语文（可细化，如五年级上册数学）。

知识范畴：数学（几何证明、函数图像、分数运算）；语文（文言文虚词、阅读理解题型、作文结构）；英语（时态语法、高频短语、完形填空逻辑）。

适用场景：单元复习、期中冲刺、专题突破（如中考电学实验题专项）。

- 目标关键词：明确笔记的核心功能。

知识体系化：建立公式推导链路图（如一元二次方程—二次函数—抛物线图像），文言文实词古今异义对照表。

考点聚焦：近五年中考数学压轴题高频考点归类，小学应用题六大陷阱题型总结。

记忆强化：物理实验步骤口诀化，英语语法易错点对比矩阵。

- 痛点关键词：描述当前笔记的问题。

结构缺陷：知识点分散无关联，重点、难点未分层标记。

效率问题：复习时找不到核心公式推导过程，作文素材库未按主题分类。

应试短板：缺乏典型错题对应知识点索引，考试大纲变动部分未更新。

- 格式偏好关键词。

定制笔记呈现形式：视觉体系包含思维导图、表格对比、流程图解、颜色分级（如用红色标注必考点）。

信息密度：极简纲要式（仅核心公式 + 例题编号）、详解批注式（含易错警示、快速记忆口诀）。

载体需求：A4打印优化版、手机竖屏阅读版、卡片式便携笔记。

- 功能需求关键词强化笔记工具属性。

知识点关联：标注与前置知识的依赖关系（如分数运算不熟练会影响方程学习），跨章节知识网络图（如数学几何与物理力学的公式关联）。

记忆工具包：闪卡系统（正反面：问题与考点解析）、语音速记包（三分钟音频梳理单元重点）。

难度分级：基础（教科书定义）、进阶（变形应用）、拓展（竞赛思维）。

- 进阶技巧。

动态更新：要求笔记关联最新考题（如 2024 年中考真题增补模块）。

多端适配：指定使用场景（如教室投影版需字号放大 + 关键词高亮）。

互动设计：添加自测环节（如每章节嵌入二维码扫码答题）。

使用 Manus 时，首要任务是明确个人学习目标和需求。这样，我们就能有针对性地利用 Manus 功能，达到最佳的学习效果。Manus 能够有效地帮助我们整理和归类学习资料，构建一套系统化、条理清晰的学习框架。

同时，要重视笔记的持续更新与维护。随着学习的深入，新知识不断涌现，需定期回顾并更新笔记，确保内容准确。这样，检索知识点时能迅速获取最新、最准确的信息。

只有当我们明确了学习目标和需求，充分利用 Manus 的智能识别和分类功能，整合各类学习资源，并且注重笔记的持续更新与维护，我们才能最大程度地提升学习效率，达成我们的学习目标。

第五章

Manus 工作效率大革命

Manus，办公效率的革命者，轻松化解 Excel 表格与数据处理的难题，助你迅速揭开数据背后的秘密。让 Manus 带我们告别烦琐的传统办公方式，进入一个简单明了的工作世界。

Manus 深度剖析企业经营数据，精准助力投资决策，让你的每一个决策都充满智慧。此外，Manus 也是营销策划的得力助手，从市场调研到策略制定，再到方案实施，全程协助我们高效管理，助力我们在竞争激烈的市场中轻松领先。在智能招聘领域，Manus 同样大放异彩，从简历筛选到面试评估，全程自动化处理，大幅提升招聘效率与精准度。

简而言之，Manus 能让我们在工作中游刃有余，体验前所未有的办公乐趣。

1 从 Excel 到数据可视化，彻底改变我们的工作方式

在这个数据为王的时代，数据可以被称为“新石油”，是推动信息革命的宝贵资源和重要助力。因此，如何高效地采集、处理并利用这些数据变得至关重要。接下来，我们将讲解结构化数据与非结构化数据的定义和它们在大数据领域中的重要作用，以及如何运用 AGI 为数据分析赋能，真正实现数据智能化。

结构化数据条理清晰，便于分析。它们被整齐地排列在固定的格式中，如表格和数据库，仿佛遵循着一种将数据“排队列阵”的严谨逻辑。这些结构化数据往往都是客户信息、产品列表等井然有序的数据。AI 模型很容易从中提取出核心内容。

随着数据的能量在科技界风头渐起，非结构化数据也开始吸引着人们的注意。这些数据，如邮件、视频及社交媒体评论，个性鲜明，风格多样。虽然让人印象深刻，但要让计算机从中分析出核心内容就显得十分困难了，需要借助自然语言处理、图像识别等技术来解密。

在大数据的海洋里，如何高效收集和处理这两种迥异的数据类型呢？自动化采集利器，如网络爬虫和 API（全称 Application Programming Interface，即应用程序编程接口），能够轻松驾驭海量且

多样的数据，迅速提取其中有价值的信息。在数据处理和分析领域，Excel 依然扮演着重要的角色。数据规模的扩大，直接导致了数据分析复杂度的提升。此时，高级的数据分析平台和软件登上了历史舞台。Hadoop（海杜普）和 Apache Spark（一款计算引擎）等大数据处理平台，凭借强大的数据处理能力和效率，专门应对海量数据处理的挑战。Hadoop 作为一个开源的分布式计算框架，专注于大规模数据集的存储与处理；相比之下，Apache Spark 则是专为高效处理大规模数据而设计的。

而今，在人工智能技术持续发展的浪潮中，AGI 的横空出世，为数据分析领域掀起了一场前所未有的革命。AGI 的强大之处在于其对数据的深度学习和自我优化能力。它不仅能以惊人的速度处理和分析海量数据，更能洞察数据背后的复杂模式和潜在规律，从而出色地完成数据中的规律性挖掘任务。

AGI 凭借其强大的学习能力，能够模拟人类的推理和决策过程，超越传统算法的分析深度。例如，在医疗领域，AGI 通过分析大量的医学数据和知识库，辅助医生进行疾病诊断、治疗规划和药物选择。一个显著的案例是东京大学医学研究院利用 Watson 系统，仅用 10 分钟就成功诊断出一名 60 岁女性患者患有罕见白血病，这一诊断过程涉及对 2000 万份癌症研究论文的比对。在金融领域，AGI 技术的应用也日益广泛，如某银行构建的金融大模型技术体系在多个业务领域得到应用。此外，面对数据墙的挑战，研究机构正在探索优化策略，如数据增强技术和自监督学习方法，以提升 AGI 的学习效率和应用潜力。

此外，AGI 能运用自然语言处理技术，将复杂数据转化为简明报告，即便用户不具备深厚的数据背景，也能轻松解读报告内容，从而有效地做出决策。在技术革新之下，数据分析焕发新生。AGI 的融入，为数据分析领域注入了无限活力，开辟了前所未有的可能性。它不仅提升了数据分析的效率和准确性，还为我们揭开了数据驱动决策的无限可能（如表 5–1、表 5–2 所示）。

▼ 表 5-1 各个数据工具对比 1

工具	适用场景	数据处理能力	计算速度	扩展性
爬虫	数据采集，自动化获取网页信息	主要用于数据提取和结构化存储	依赖网络和目标网站响应速度	可扩展，但受限于网站反爬策略
Excel	小型数据分析，表格计算、数据可视化	适合百万级以内数据	依赖中央处理器，速度较慢	低，可处理的数据量有限
Hadoop	大规模离线数据存储和批处理	适合 PB（佩他字节）级别数据	慢，依赖磁盘 I/O（输入 / 输出）	高，可扩展到上千台服务器
Apache Spark	大规模数据计算、机器学习、流处理	适合 TB（太字节）~ PB 级数据	快，内存计算比 Hadoop 快 100 倍	高，可分布式扩展
Manus	可视化数据分析、BI（商业智能）报表	适合中小型数据分析	快，基于数据库查询优化	依赖底层数据库

▼ 表 5-2　各个数据工具对比 2

工具	学习难度	优势	劣势
爬虫	中等，需掌握 HTML（超文本标记语言）、正则表达式、代理池等	自动化抓取，适用于大规模数据	受网站封锁、反爬机制影响大
Excel	低，操作直观，适合初学者	易用性强，数据可视化丰富	数据量大时性能下降，自动化能力减弱
Hadoop	高，需要掌握 Java/Python、MapReduce（编程模型）等	适合处理超大规模数据，可靠性高	批处理速度慢，不适合实时计算
Apache Spark	高，Scala（编程语言）/Python，掌握 RDD（弹性分布式数据集）API	内存计算快，支持流处理和机器学习	资源消耗大，对内存需求高
Manus	低，图形化界面，非编程用户友好	操作简单，适合商业数据分析	不适合大规模数据处理，定制化能力有限

无论是在金融领域、零售领域，还是在医疗领域，数据的标准化及流程优化都是通向优质服务与明智决策的通行证。Manus 这款产品，在数据处理方面表现卓越，它在高效组织数据的同时，在智能推理、任务生成与执行等关键环节，更展现出独到的技术优势。

总而言之，随着数据量的不断膨胀和数据结构的日益复杂化，企业和个人都亟须掌握高效的数据处理能力，借助 AGI 工具，构建一个既集成又智能的数据模型，从而达到自主决策支持与业务流程优化的目标。

在数据科学与数据分析的领域中，Excel 始终是广受欢迎的工具之一。凭借操作的便捷性和功能的全面性，它成了众多数据分析初学者心中的首选利器。然而，随着数据洪流的汹涌澎湃和分析需求的日益繁复，单纯依靠 Excel 已难以承载现代数据驱动决策的厚重期望。数据分析不仅要求我们理解数据本身，还要求我们能够有效地讲述数据背后的故事。因此，将数据从 Excel 迁移到更加动态和交互式的网页可视化平台已经成为业界的一个重要趋势。

将 Excel 中的数据转化为既引人入胜又具有高度互动性的网页可视化，这一过程不仅需要技术上的转变，还要求我们深入理解如何以用户友好的方式展示数据。接下来，我们看看 Manus 是如何操作的。

（1）理解数据和组织数据

首先，我们必须理解与整理数据。在 Excel 中，数据通常被限制在二维空间内，尽管透视表和图表能够提供一些分析视角，但它们的表现力仍然不如现代的可视化工具那样丰富。为了在网页上精彩呈现数据，我们首要的任务是对其进行精心的清洗与结构化处理，使之契合交互式可视化工具的严苛要求。这需要我们去除不必要的信息，妥善处理缺失值，然后对各个数据维度进行细致的分类和明确的标注。

（2）选择合适的工具

接下来，我们必须挑选合适的工具。目前，市场上存在多种多样的工具，每一种都有其独特的优势。在开源工具领域，D3.js（全称 Data-Driven Documents）是一个专门用于数据可视化的强大 JavaScript 库。它基于 Web 标准，如 HTML、SVG（可缩放矢量图形）和 CSS（层叠样式表），允许开发者通过数据绑定和选择集机制，将数据动态地映射到视觉元素上，并赋予用户创建动态和交互式数据可视化的能力。尽管 D3.js 功能强大且灵活多变，但其上手难度较高，初学者需花费大量时间和精力方能驾驭。对于那些没有编程背景的用户，Tableau 和 Power BI（一款商业分析工具）等工具提供了更为直观的界面，简化了数据可视化的过程，使得数据展示更加简单和直观。

随着 AGI 时代的到来，数据处理变得更加便捷。我们只需选择像 Manus 这样的通用性 AGI 工具直接输出数据，或者使用像 Coze 这样的自搭建 AGI 工具，根据个人需求构建数据工具，便可以一键生成我们所需的交互式可视化数据展示。

（3）数据的动态展示与交互设计

网页上的数据展示不应仅限于静态图表或数据点的简单罗列。得益于现代数据库与编程语言的融合，数据的动态更新和实时交互已成为现实。用户只需轻点下拉菜单或输入关键词搜索，便能轻松筛选数据，迅速锁定关键信息。这些交互设计无疑提升了用户体验。

（4）美观与功能相结合

在进行网页可视化设计时，美观与功能性同等重要。优秀的可视化设计需准确地传递信息，同时吸引用户的目光。色彩搭配、版面布局、图形设计及动画效果均能影响用户的体验感。过度的动画可能会导致视觉上的冗余，而不恰当的色彩选择则可能使数据解读变得困难。因此，设计师必须在美观与功能性之间找到平衡点，并始终将用户的需求置于设计的核心。

（5）与用户的沟通与反馈

发布数据可视化之后，持续监控和不断改进同样至关重要。用户的反馈是优化可视化展示的宝贵资源。表单和反馈信息为我们提供了宝贵意见，有助于提升可视化内容的直观性和交互性。

数据从 Excel 到网页的转换，不仅是工具和技术的升级，更是思维模式的转变。在当今分析领域，数据科学家和分析师不仅需要掌握技术技能，还必须具备与人沟通和讲故事的能力。未来，随着数据量和复杂性的不断提升，自动化和机器学习技术将在数据可视化领域发挥越来越重要的作用。不断精进技术，紧跟技术发展的最前沿，将帮助我们更高效地处理大数据，并加速推动组织和决策过程向智能化的转变。

2 投资决策实战：企业经营数据分析与投资决策

人工智能时代的降临，让数据分析变得像高科技版的美食大赛，不仅工具种类丰富多彩，连方法论也频频上新。数据在信息时代有着巨大的价值，无论是企业巨头，还是个人精英，皆热衷于以数据为基，赋予工作以量化的权威与价值。AGI的赋能，可以帮助我们从信息海洋里打捞出最闪亮的珍珠，帮我们在商业决策中占得先机。当高深莫测的算法和预测模型掌握在手，我们将在风险管理和市场预测中飞速领跑。

小明就职于一家小型茶饮品牌。近年来，某当红茶饮品牌迅速崛起，在全国范围内掀起了一股消费热潮。对于投资者而言，准确解读其市场表现与未来的发展潜力，无疑将带来更多商机。老板要求小明对红茶饮品牌进行深入地多维度数据分析，包括依据最新电商平台的销售数据，评估各品牌的市场份额，分析区域销售分布，以及对比竞争对手的表现，从而获得全面而丰富的信息。接下来，我们将讲解小明如何利用Manus的强大功能，对这一茶饮品牌的相关数据进行深入分析与处理的。

步骤 1：向 Manus 提出问题和整体需求（人工操作）

打开 Manus，并提出初始需求：×× 冰城最近上市了！我希望你能收集 ×× 冰城自成立以来的所有关键信息，尤其是重要的数据，帮我对于这家公司现在是否值得投资形成判断。我希望最后通过 HTML 网页的方式非常有趣和可视化地进行呈现。你可以使用开源图标和图片库辅助你做出更优质的设计，用 D3.js 做出好看的交互式图表。最后部署上线让我可以把网页分享出去。

为了清晰界定需求，我们需详尽规划 Manus 所需执行的任务，例如，全面搜集该茶饮品牌自创立伊始的关键信息与数据，评估其投资潜力，并以 HTML 网页为载体进行可视化展现，确保支持交互式图表功能，同时，借助开源图表库与图片资源优化设计，运用 D3.js 技术打造交互式图表，最终将成果以网页的形式进行共享。

步骤 2：Manus 执行任务（系统自动）

Manus 接收到我们提出的需求后，系统开始处理任务。我们可以单击查看“Manus 的计算机”的处理进度。接下来，Manus 开始收集该公司的相关信息和数据。

Manus 自动创建了茶饮投资项目分析任务清单，将整个工作流程分解为明确的步骤（见图 5-1）。随后，Manus 利用网页搜索功能广泛收集信息，模拟真实用户浏览网页的行为模式，生动地展现了这一过程。它的浏览范围覆盖了雪球网站和新浪财经网站的系统访问，并能深入获取到相关公司的详细信息和财务数据。

```
# ×× 冰城投资分析项目任务清单

## 信息收集阶段
-[ ] 搜索 ×× 冰城的基本公司信息（成立时间、创始人、发展历程）
-[ ] 收集 ×× 冰城上市相关信息（上市时间、股票代码、发行价等）
-[ ] 收集 ×× 冰城的财务数据（营收、利润、增长率等）
-[ ] 收集 ×× 冰城的门店数量及扩张数据
-[ ] 收集 ×× 冰城的竞争对手信息
-[ ] 收集行业分析报告和市场前景

## 数据分析阶段
-[ ] 分析 ×× 冰城的财务健康状况
-[ ] 分析 ×× 冰城的增长潜力
-[ ] 分析 ×× 冰城的竞争优势与劣势
-[ ] 分析 ×× 冰城的投资价值
-[ ] 形成投资建议

## 网页设计与开发阶段
-[ ] 设计网页结构和布局
-[ ] 选择合适的开源图标和图片库
-[ ] 使用 D3.js 创建交互式图表
-[ ] 整合内容和可视化元素
-[ ] 优化网页性能和用户体验

## 部署阶段
-[ ] 测试网页功能
-[ ] 部署网页到线上环境
-[ ] 提供可分享的 URL 链接
-[ ] 向用户展示最终成果
```

▲ 图 5-1　茶饮投资项目分析项目任务清单

除了最初提出需求外，截至目前，Manus 无须我们进行任何操作，我们只需静待其完成任务即可。若需对 Manus 的工作进行干预，我们可通过远程方式操控其小电脑界面，点击右下角的“接管”按钮。一旦系统遇到需要人工介入的情况，我们就能迅速接管控制权。当我们点击关闭窗口取消远程操控时，控制权会自动交还给 Manus，随后它将继续执行任务。

Manus 能够识别并精准提取对投资分析至关重要的信息，例如，详尽的公司历史、业务模式、财务数据和竞争优势分析。随后，Manus 会系统地整理这些信息，并以 Markdown 文档的形式保存，便于后续的高效处理。

Manus 完成信息收集前三个部分后，系统即时更新状态（见图 5-2），让我们清晰地掌握进度。至此，Manus 已全面完成茶饮信息收集，全程自动化。

```
## 信息收集阶段
-[×] 搜索 ×× 冰城的基本公司信息（成立时间、创始人、发展历程）
-[×] 收集 ×× 冰城上市相关信息（上市时间、股票代码、发行价等）
-[×] 收集 ×× 冰城的财务数据（营收、利润、增长率等）
-[ ] 收集 ×× 冰城的门店数量及扩张数据
-[ ] 收集 ×× 冰城的竞争对手信息
-[ ] 收集行业分析报告和市场前景
```

▲ 图 5-2　已完成信息收集阶段的任务

Manus 继续深入收集详尽的财务数据，这对精确评估投资价值至关重要。查看“当前任务进度”，可知 Manus 正搜集整理财务数据及里程碑信息（见图 5-3）。

任务进度

√ 搜索并收集 ×× 冰城公司基本信息

• Manus 正在工作：收集和整理关键财务数据和公司里程碑

◷ 分析 ×× 冰城的投资潜力

◷ 设计 HTML 网页基本结构

◷ 使用 D3.js 创建交互式可视化图表

◷ 整合内容和可视化元素

◷ 在线部署网页

◷ 向用户展示最终分析结果

▲ 图 5-3 查看任务进度

Manus 正积极收集茶饮行业的竞争对手信息及行业对比数据，同时，通过浏览不同网页，深入获取竞争对手的详细信息。基于以上数据的搜集，Manus 生成了茶饮与竞争对手对比分析的 Markdown 文件，并将收集到的信息进行了结构化整理（见图 5-4）。

\# ×× 冰城与竞争对手对比分析

\## 市值对比

截至 2025 年 3 月 6 日数据：

-×× 冰城：总市值约 1323 亿港元，排名行业第一，成为首只市值突破千亿港元的新茶饮公司

- 古 ×：总市值约 264 亿港元，排名第二

- 茶 × 道：总市值约 141 亿港元，排名第三
- 奈 × 茶：总市值约 30 亿港元，排名第四

按照市值对比：

-×× 冰城≈ 5 个 × 茗

-×× 冰城≈ 9 个茶 × 道

-×× 冰城≈ 44 个奈 × 茶

股价表现对比

上市首日表现：

-×× 冰城：上市首日大涨 43.21%，上市四个交易日涨幅超 72%

- 奈 × 茶：上市首日破发 13.5%
- 茶 × 道：上市 3 个月市值蒸发 38%
- 古 ×：上市首日破发，随后一个交易日公司股价下探至 8.22 港元 / 股，相对于 9.94 港元 / 股发行价，跌 17%

财务指标对比

净利率

-×× 冰城：18.7%(2024 年前 9 个月）

- 奈 × 茶：3.8%

▲ 图 5-4　生成茶饮与竞争对手对比分析的 Markdown 文件（部分）

紧接着，Manus 开始着手进行市场分析与前景预测信息的搜集。通过浏览多个网页，它成功收集到了行业趋势和发展预期的相关数据。基于以上数据生成的茶饮行业市场分析与前景预测文档，总结了行业发展动态和未来趋势（见图 5–5）。截至目前，Manus 仍旧无须进行任何人工操作。

茶饮行业市场分析与前景预测

市场规模

现制饮品市场

- 2024 年中国现制饮品市场规模为 6279 亿元，近五年年均复合增长率达 23%
- 2025 年中国现制饮品市场规模预计将达到 7464 亿元
- 现制茶饮是中国现制饮品市场中最大的细分品类，2023 年占中国现制饮品市场规模约 50%
- 现磨咖啡是中国现制饮品市场中增速最快的细分品类，市场规模占比约为 33.3%

新式茶饮市场

- 2023 年中国新式茶饮行业市场规模已从 2016 年的 291 亿元增长至 3333.8 亿元
- 2024 年中国新式茶饮市场规模预计将达到 3547.2 亿元
- 到 2028 年中国新式茶饮市场规模有望突破 4000 亿元

行业发展阶段

目前中国新式茶饮行业已从初期的快速扩张、激烈争夺份额的“跑马圈地”阶段过渡至注重精细化运营的存量竞争新阶段：

- 市场产品同质化现象日益突出
- 行业内卷加剧
- 市场空间趋于相对饱和状态
- 预计未来几年国内新式茶饮市场规模将维持小幅但稳定的增长态势

市场驱动因素

1. ** 消费升级 **：随着人均可支配收入提高，消费者更注重生活品质，愿意为高品质、高颜值的现制茶饮支付溢价，尤其是年轻群体将茶饮视为日常“轻奢”消费品。

▲ 图 5-5　生成的茶饮行业市场分析与前景预测文档（部分）

步骤 3：深度数据分析（系统自动）

随后，Manus 迈入了数据分析阶段，着手对搜集到的原始信息进行细致的处理与深入分析。用户只需点击界面右上角的“查看本次会话的所有文件”按钮，即可轻松浏览 Manus 至今为止生成的所有文档（见图 5–6）。通过进入专门的下载采集文件界面（见图 5–7），用户可以方便地下载所需文件。

▲ 图 5-6　查看所有文件

▲ 图 5-7　下载采集的文件

此外，用户还能在该页面上查阅分析文档及其详尽内容，或单击竞品对比文档以获取更多详细信息。分析文档详尽地涵盖了公司的基本面、财务状况、市场定位等多个维度的深入分析。

Manus 继续进行数据分析，深入挖掘收集信息的价值。在评估茶饮品牌的投资潜力时，应综合考虑：财务指标，如销售额增长趋势、利润率和成本控制；品牌知名度和市场份额通过市场调研和消费者反馈来评估；产品创新能力体现在新口味和产品形式的推出；门店布局和运营管理的效率。数据分析阶段完成后，在生成全面的分析结果（见图 5-8）后，我们采用了多种方法确保数据分析的准确性，包括数据质量评估、方法和模型验证、可复制性和可验证性，以及专家意见和业务理解，从而为下一步的网页设计与开发奠定了坚实的基础。

×× 冰城投资潜力分析

财务健康状况分析

收入增长

- 2021 年营业收入：103.51 亿元
- 2022 年营业收入：135.76 亿元，同比增长 31.16%
- 2023 年营业收入：203.02 亿元，同比增长 49.54%
- 2024 年前 9 个月营业收入：186.60 亿元，同比增长 21.22%

×× 冰城近 3 年营收保持高速增长，2023 年增速近 50%，远高于行业平均水平。虽然 2024 年前 9 个月增速有所放缓，但仍保持在 20% 以上的健康增长率，显示出强劲的市场扩张能力。

利润表现

- 2021 年净利润：19.10 亿元
- 2022 年净利润：19.97 亿元，同比增长 5.3%
- 2023 年净利润：31.37 亿元，同比增长 58.3%

- 2024 年前 9 个月净利润：34.86 亿元，同比增长 42.3%

×× 冰城的净利润增长更为显著，特别是 2023 年和 2024 年前 9 个月，分别实现了 58.3% 和 42.3% 的同比增长，远高于营收增速，表明公司盈利能力持续提升。

利润率分析

- 毛利率：18.7%（2024 年前 9 个月）
- 净利率：35.2%（2023 年）

与竞争对手相比，×× 冰城的净利率显著领先：

- ×× 冰城：18.7%
- 奈 × 茶：3.8%

▲ 图 5-8　投资潜力分析

步骤 4：新增任务（可以人工操作，如果没有新需求，则可省略）

若需在现有分析基础上增添新要求，可在网页下方的输入框内明确表述需求，例如：请在最终网页展示与信息对比环节，加入与某国际咖啡品牌的对比，探讨该茶饮品牌是否可以称为“中国的星 ××”。Manus 接收到需求后，准备处理这一新增任务。接下来 Manus 开始思考处理方案（见图 5-9），然后按照原来的工作流程继续执行任务，并将新增需求无缝整合到现有任务中。

Manus

收到您的要求，我会在网页中加入 ×× 冰城与星 ×× 的对比分析。这是一个很好的视角，可以帮助我们更全面地评估 ×× 冰城的投资价值和市场定位。

我将从以下几个方面进行对比：

1. 商业模式对比（加盟 VS 直营）
2. 市场定位对比（下沉市场 VS 一二线城市）
3. 价格策略对比（平价 VS 高端）
4. 门店数量和增长速度对比
5. 财务指标对比（营收、利润率等）
6. 品牌价值和消费者忠诚度对比
7. 全球化战略对比

这个对比分析将帮助我们更好地理解 ×× 冰城是否可以被视为"中国的星 ××"，以及两者在商业模式和发展路径上的异同。我会在网页中设计专门的对比板块，并使用交互式图表直观展示这些对比数据。

▲ 图 5-9　收到额外的要求并进行思考

步骤 5：网页设计与数据可视化呈现（系统自动）

Manus 着手编辑网页代码，巧妙地将前期分析结果转化为直观的可视化内容（见图 5-10），并精心设计了 HTML 网页的基本结构，为最终页面的精彩呈现奠定了坚实的基础（见图 5-11）。

▲ 图 5-10 编辑网页代码

任务进度

✓ 搜索并收集 ×× 冰城公司的基本信息

✓ 收集和整理关键财务数据和公司里程碑

✓ 分析 ×× 冰城的投资潜力

Manus 正在工作：设计 HTML 网页基本结构

5:48 正在编辑文件 ××_project/website/index.html

▲ 图 5-11 进行第四步，设计 HTML 网页基本结构

Manus 已经完成与咖啡行业的比较分析，也就是我们在任务中新增的任务，并给出了最终的比较结果。网页结构设计已经完成（见图 5-12）。在界面中，用户可以一目了然地查阅到茶饮与咖啡对比分析的详尽内容，涵盖了市场定位、消费群体、价格策略等多个维度的深入比较（见图 5-13）。

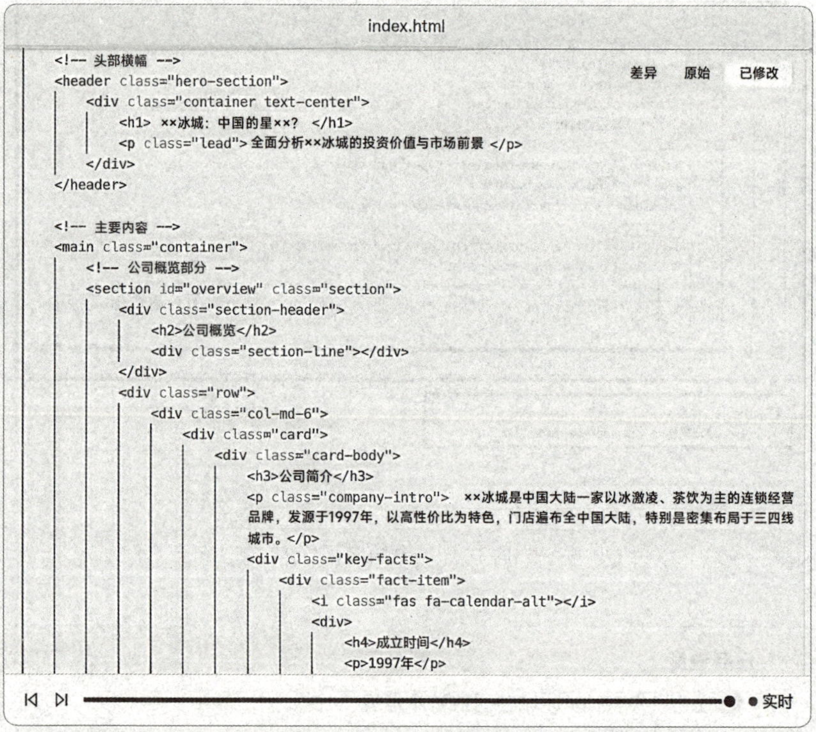

▲ 图 5-12　已完成的网页结构设计

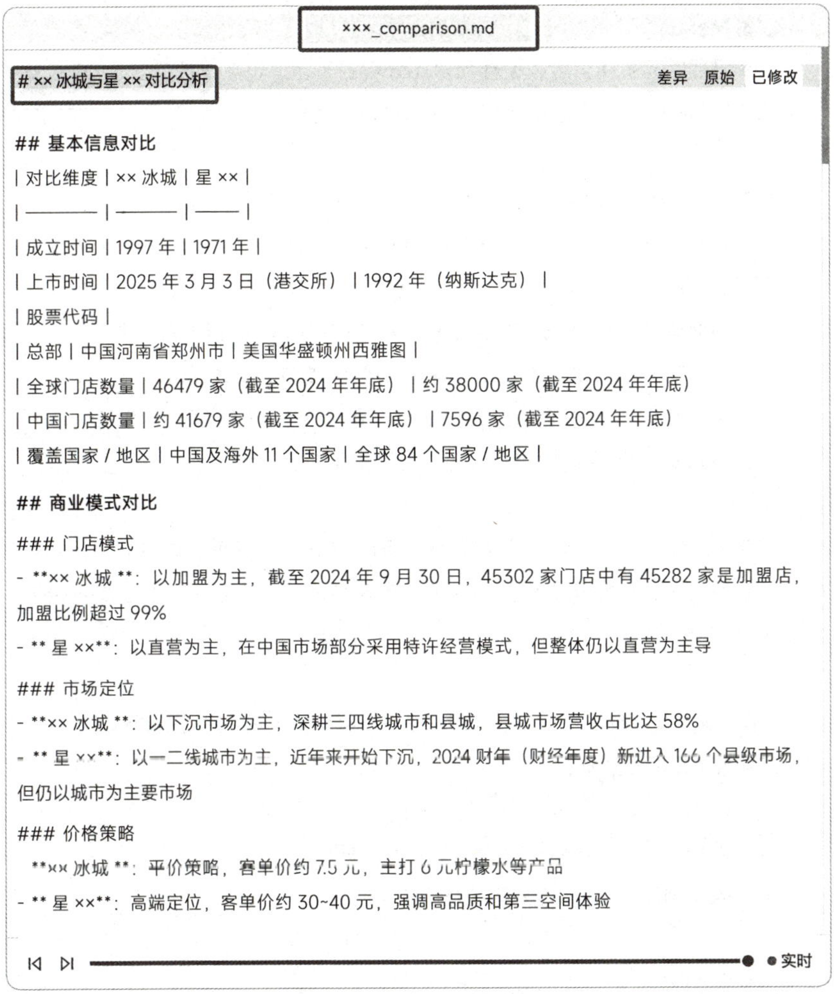

×× 冰城与星 ×× 对比分析

基本信息对比

对比维度	×× 冰城	星 ××
成立时间	1997 年	1971 年
上市时间	2025 年 3 月 3 日（港交所）	1992 年（纳斯达克）
股票代码		
总部	中国河南省郑州市	美国华盛顿州西雅图
全球门店数量	46479 家（截至 2024 年年底）	约 38000 家（截至 2024 年年底）
中国门店数量	约 41679 家（截至 2024 年年底）	7596 家（截至 2024 年年底）
覆盖国家 / 地区	中国及海外 11 个国家	全球 84 个国家 / 地区

商业模式对比

门店模式

- **×× 冰城 **：以加盟为主，截至 2024 年 9 月 30 日，45302 家门店中有 45282 家是加盟店，加盟比例超过 99%
- ** 星 ××**：以直营为主，在中国市场部分采用特许经营模式，但整体仍以直营为主导

市场定位

- **×× 冰城 **：以下沉市场为主，深耕三四线城市和县城，县城市场营收占比达 58%
- ** 星 ××**：以一二线城市为主，近年来开始下沉，2024 财年（财经年度）新进入 166 个县级市场，但仍以城市为主要市场

价格策略

**×× 冰城 **：平价策略，客单价约 7.5 元，主打 6 元柠檬水等产品
- ** 星 ××**：高端定位，客单价约 30~40 元，强调高品质和第三空间体验

▲ 图 5-13 茶饮与咖啡对比分析结果（部分）

根据任务进度显示，Manus 已经顺利完成了茶饮与咖啡对比分析网页开发的关键部分，包括基本架构的搭建和内容的有效填充。我们可以查看两种品牌的比较文件及其内容，并且将完成的对比分析结果整合到最终的网页呈现中（见图 5-14）。

Manus

我已经完成了网页结构设计和对比分析的工作。现在正准备创建 D3.js 交互式可视化图表，以直观展示 ×× 冰城的投资价值。

在对比分析中，我发现 ×× 冰城与星 ×× 有很多有趣的差异：

1. 规模对比：×× 冰城在中国拥有约 41679 家门店，而星 ×× 在中国仅有 7596 家门店

2. 商业模式：×× 冰城以加盟为主（99% 以上），星 ×× 以直营为主

3. 市场定位：×× 冰城专注下沉市场，星 ×× 专注一二线城市

4. 价格策略：×× 冰城客单价约 7.5 元，星 ×× 客单价约 30 ~ 40 元

5. 净利率：×× 冰城约 18.7%，星 ×× 约 11%

结论是 ×× 冰城并非"中国的星 ××"，而是走出了一条独特的发展路径。它通过极致成本控制和加盟扩张，以平价策略覆盖下沉市场，商业模式更接近麦 ×× 而非星 ××。

接下来，我将创建多个交互式图表来可视化这些数据，然后整合到网页中，最终部署上线供您分享。

- 继续：添加 ×× 冰城与星 ×× 的对比分析
- 准备创建 D3.js 交互式可视化图表

● 思考中

▲ 图 5-14　完成对比分析工作

Manus 已圆满完成了网页的部分工作，全面覆盖了各个板块的基本设计与布局。在整合内容与可视化元素的过程中，Manus 凭借系统的高效运作，巧妙地将文字信息与图表、图像等视觉元素融为一体，

极大地增强了信息的传递效率与效果。

编辑网页信息和样式信息时，Manus 会自动对网页的视觉效果和交互体验进行优化处理，确保最终网页既专业又美观，满足用户的多重需求。

步骤 6：网页部署与最终呈现（系统自动）

Manus 开始部署网页信息，准备完成最终的网页上线。如图 5-15 所示，Manus 已生成了网页预览。我们可以直观地看到网页的整体设计和内容布局，而在执行任务的进度中也显示出了各项工作的完成情况已经接近尾声。至此，所有任务均圆满达成，整个项目也顺利画上了圆满的句号。

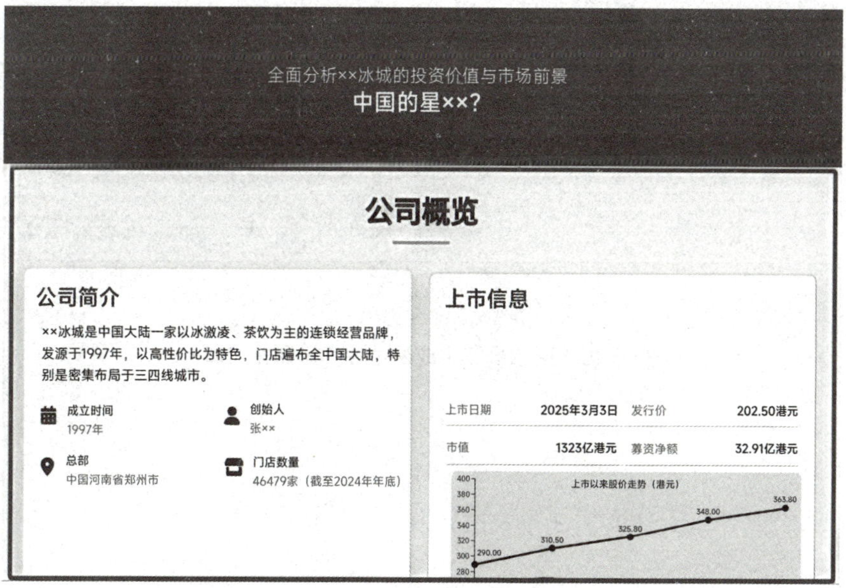

▲ 图 5-15　已生成的网页

Manus 已生成最终网址，用户可点击此链接轻松查阅数字分析报告的完整版本。

步骤 7：结果验收

Manus 的工作全部完成，接下来我们就来看看它的成果如何，图 5–16 全面展示了企业信息概览，涵盖公司简介、市场定位及发展策略等关键内容；图 5–17 则通过详尽的成本结构分析图表，对公司运营成本进行了精准量化。

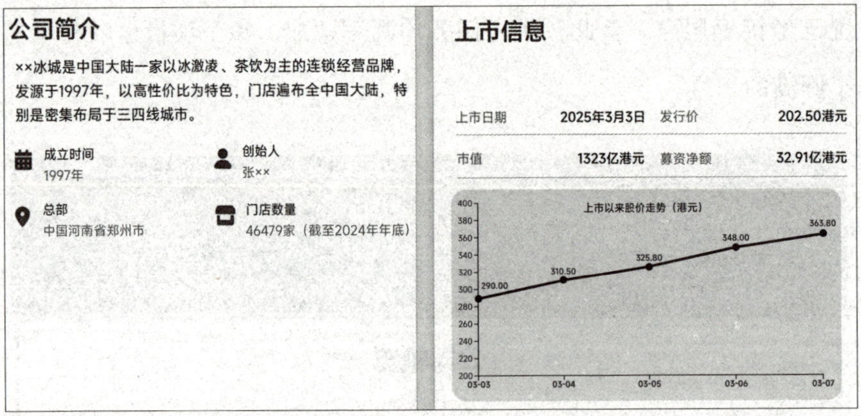

▲ 图 5-16　展示最终生成的企业信息概览（部分）

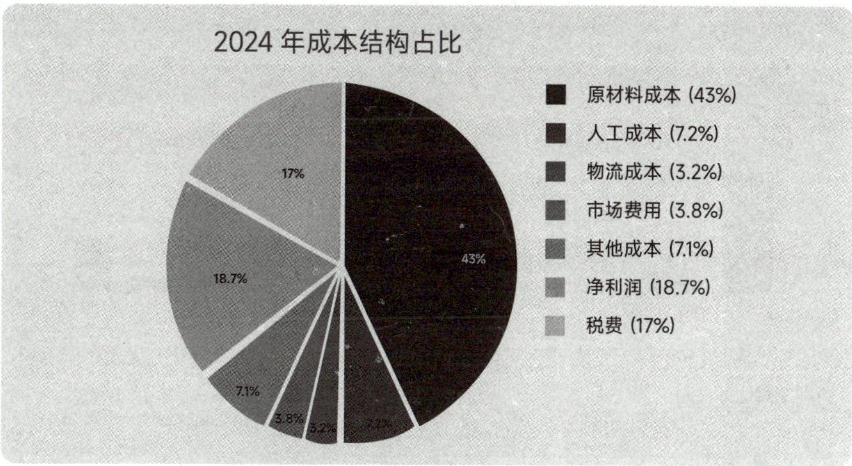

▲ 图 5-17　呈现最终生成的成本结构分析图表

财务健康评分图表以多维度评分直观呈现公司财务状况，帮助用户快速把握公司运营状况（见图 5–18）。图 5–19 展示了与主要竞争对手的对比分析。图 5–20 通过雷达图展示竞争优势对比，清晰呈现各品牌在不同维度的表现差异。

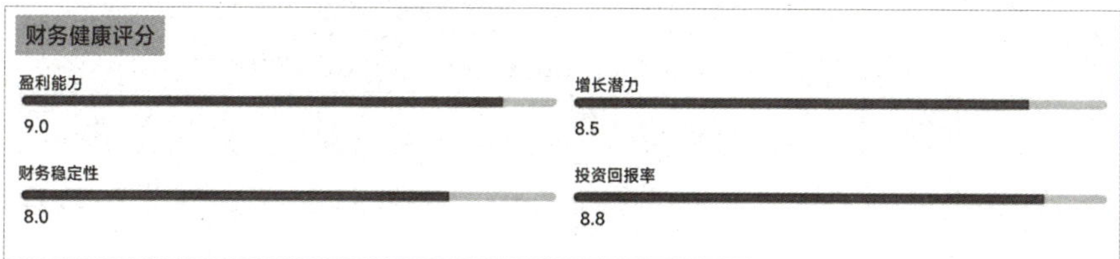

▲ 图 5-18　最终生成的财务健康评分

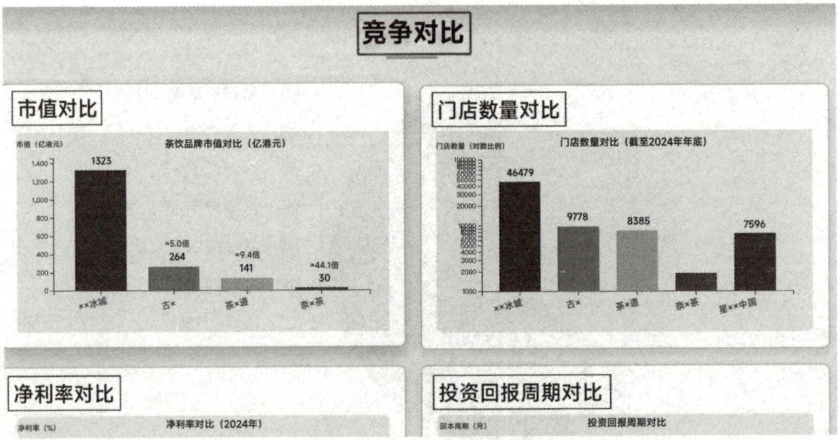

▲ 图 5-19　最终生成的竞争对比

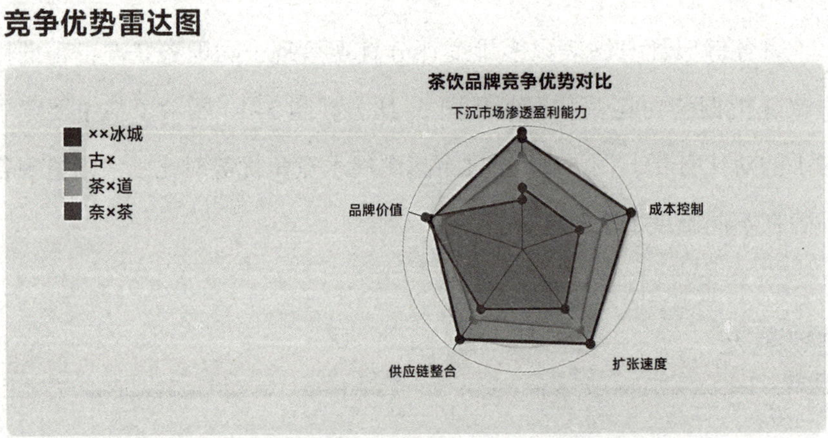

▲ 图 5-20　最终生成的竞争优势雷达图

图 5-21 和图 5-22 是某茶饮品牌和某国际咖啡品牌对比的表格和雷达图，全面对比了两个品牌的市场特点和发展状况。

对比维度	××冰城	星××
门店模式	以加盟为主（99%以上为加盟店）	以直营为主（中国市场部分特许经营）
市场定位	下沉市场为主，覆盖三四线城市和县城	一二线城市为主，近年开始下沉
价格策略	平价策略（客单价约7.5元）	高端定位（客单价约30元～40元）
产品类型	现制茶饮、冰淇淋为主	咖啡为主，辅以茶饮和轻食
门店体验	快取型，无第三空间	第三空间体验，提供休闲场所

▲ 图 5-21　最终生成的某茶饮品牌和某国际咖啡品牌对比表格

是否可称为“中国的星××”？

> ××冰城与星××在商业模式、市场定位和价格策略上存在显著差异。虽然两者都是各自领域的领导者，但××冰城更像是“反星××”模式——通过极致的成本控制和加盟扩张，以平价策略覆盖下沉市场，而非复制星××的高端定位和第三空间体验。

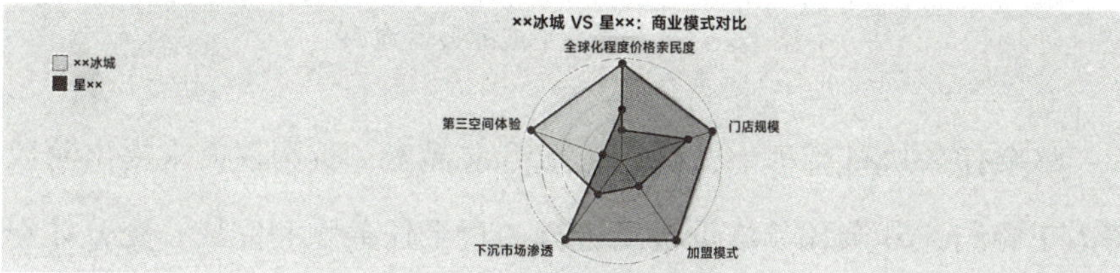

▲ 图 5-22　最终生成的某茶饮品牌和某国际咖啡品牌对比雷达图

Manus 还给出了行业前景分析，包括未来趋势预测和潜在机会点（见图 5–23）。图 5–24 则给投资者提供了具体的建议和风险提示。

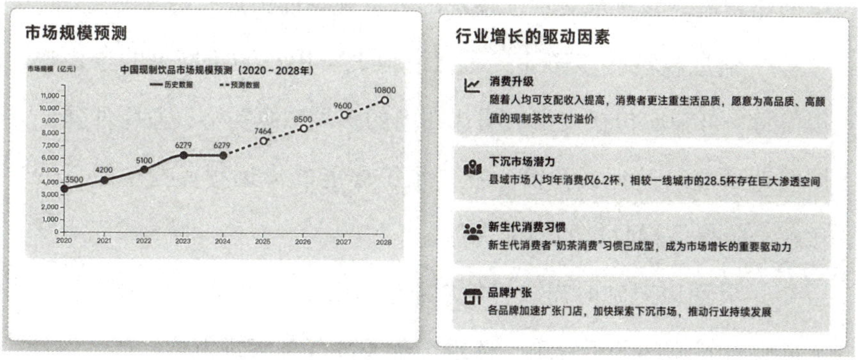

▲ 图 5-23　最终生成的行业前景图

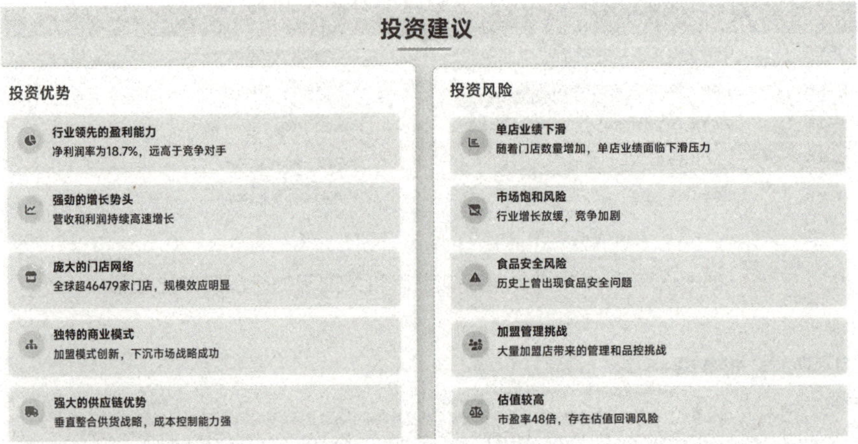

▲ 图 5-24　最终生成的投资建议

整个任务执行流程中，除非有新需求提出，否则仅需求提出阶段需人工参与，其余环节均可自动进行，直至任务顺利完成，充分体现了全程自动化的核心理念，其核心优势总结如下。

- 任务规划与执行能力：能够自主规划复杂任务的执行步骤，并按计划有序推进，无需频繁进行人工干预。整个过程从任务清单创建到最终完成都展示了系统的自主规划能力。
- 信息收集的多样性：通过模拟真实用户浏览网页的方式收集信息，可获取包括文本、图片在内的多种数据类型，适应性强。即便遇到登录验证或弹窗干扰，系统亦能凭借远程操控功能巧妙化解，确保信息收集的顺利进行。
- 灵活应对临时需求：能够在不中断原有工作流的情况下，无缝整合新增的分析需求，体现出优秀的任务管理能力。

• 过程透明与可追溯：所有中间文档与分析过程均可查看，提高了结果的可信度和可解释性，我们可以随时了解任务完成进度和思考过程。

• 数据可视化工具：如 FineBI（帆软商业智能软件）、FineReport（帆软报表）和 FineVis（可视化设计工具）等，通过强大的数据处理能力和丰富的图表类型，能够将复杂的分析结果转化为直观的图表和网页，显著降低了信息理解的门槛。例如，FineBI 支持多种数据源和拖曳式操作，使得没有编程经验的用户也能轻松创建可视化报表。此外，通过竞争对比雷达图和财务健康评分等可视化元素，使得抽象数据更加直观易懂。

在使用 Manus 的时候，我们应该注意掌握以下技巧。

• 明确需求，精准输入：在向 Manus 提出需求时，务必清晰、具体地描述任务目标和输出形式，明确需要收集的数据类型、分析维度（如财务数据、市场定位、竞争对比等）及最终呈现方式（如 HTML 网页、交互式图表）。

例如，输入需求时，可以这样要求：请收集某茶饮品牌自成立以来的关键信息，包括财务数据、市场定位、竞争对比等，并生成包含交互式图表的 HTML 网页。

• 动态调整与新增需求：在任务执行过程中，如果发现需要补充或调整的需求，可以随时向 Manus 提出新需求。Manus 能够动态调整任务清单，并继续执行。

例如，在完成初步分析后，可以新增需求：请在最终网页中加入与某国际咖啡品牌的对比分析。

- 多源数据整合与验证：Manus 能够从多个数据源中提取信息，并进行交叉验证，确保数据的准确性和可靠性，我们需要在 Manus 执行任务时观察数据来源，必要时动态新增需求。

例如，Manus 会对比不同来源的财务数据，确保提取的信息一致且可信。

Manus 作为全球首款通用型 AI Agent，其强大的任务规划、信息收集、数据分析和可视化能力，已在多个领域展现其应用价值。Manus 在商业决策支持方面展现出了强大的能力，它能够整合交通、住宿、景点等信息生成旅行方案，通过 API 接入权威数据源完成股票相关性分析，为企业提供投资决策支持。此外，Manus 还能实时抓取企业财报数据，生成可视化仪表盘，或分析市场情绪变化输出季度报告。Manus 在处理复杂任务时，能够像人类一样独立思考并采取行动，其“过程可追溯”的设计理念极大地增强了分析结果的可信度。同时，系统灵活应对临时需求的能力，也充分彰显了其高度智能化水平。

在多个实际应用案例中，Manus 展示了其强大的工作流程和功能特点。例如，它能够自动解压简历文件、浏览简历并生成排名建议，以提高招聘效率；在房产筛选中，Manus 能够分解任务并生成详细报告，帮助用户快速找到合适的房产；在股票分析方面，Manus 通过 API 获取数据并提供详尽的综合报告，为投资决策提供支持。尽管 Manus 在视觉优化等方面仍有改进空间，但其在复杂任务处理、多元信息整合和可视化呈现方面的能力已经展现出人工智能在商业分析领域的巨大潜力。随着技术的不断优化，Manus 有望在更广泛的应用场景中发挥重要作用，开创人机协作的新模式。

3 营销策划黑科技：从市场调研到方案落地的全流程

随着大数据技术的迅猛发展，企业和组织仿佛置身于信息的汪洋大海，努力追踪并捕获那些关键的信息，以便迅速而明智地做出决策。在现代信息管理和分析领域，自动采集金融、新闻和市场数据已成为一项关键技能。自动化抓取工具的引入，为企业打通了信息流通的要道，使得获取海量数据变得轻而易举。

数据的价值远不止于股票价格、利率和行业趋势，舆情分析和市场情绪这两个隐藏的宝藏也能被轻松捕捉。这种自动抓取技术大幅提升了信息采集效率，同时确保了数据的准确性和时效性。企业借助机器学习和人工智能的力量，能够对抓取的数据进行深入分析，及时发现潜在的市场机会和风险。

智能算法使企业能更精准地预测行业趋势，从而灵活调整投资策略。此外，随着信息技术日益复杂，安全性和隐私保护的重要性日益凸显。合规的数据抓取技术就像一道坚固的屏障，不仅能有序地获取数据，还能严格遵守相关法律法规，保护用户隐私。

小明作为一家知名出版社的营销专员，最近肩负着对新书《DeepSeek××入门》进行有效推广的重任。为了更好地完成这一任务，接下来，我们将通过一个具体的案例，详细讲解 Manus 这一先进的市场分析工具是如何帮助营销人员精准抓取市场数据，并基于这些数据生成一份既科学又高效的营销方案的。

步骤 1：提出需求（人工操作）

登录 Manus，在对话框中输入需求：我是一名出版社的营销专员，负责对新书《DeepSeek×× 入门》进行营销推广，该书的作者是一名 AI 自媒体博主，B 站（哔哩哔哩）和 YouTube 上的账号是“AI 进化论××”，小红书上的账号是“花 ××（只工作不上班版）”，这本书预计 3 月底出版，到时候竞争可能挺激烈，我应该怎么对这本书进行营销呢？告诉我具体的方法和我实际该做的事情。我希望该书既能获得好口碑，又能有不错的销量。

步骤 2：Manus 思考并进行工作（系统自动）

在接收到我们的需求后，Manus 迅速做出回应，并列出了一份待办事项清单（见图 5-25）。接着，Manus 着手进行网页搜索，深入分析书籍内容及目标读者群体。通过搜索，Manus 找到了相关书籍的内容概要及人工智能领域书籍的营销策略。基于这些信息，Manus 进行了提取和分析，并据此制订了针对该书籍的营销计划（见图 5-26）。

```
# 《DeepSeek×× 入门》营销计划任务清单

## 分析与研究阶段
- [ ] 分析书籍特点和目标受众
  - [ ] 确定《DeepSeek×× 入门》的核心价值和独特卖点
  - [ ] 定义目标读者画像和需求
  - [ ] 分析 AI 书籍市场竞争情况
- [ ] 研究 AI 内容书籍的营销策略
  - [ ] 调研成功 AI 书籍的营销案例
  - [ ] 分析技术类书籍的营销特点
  - [ ] 收集读者对 AI 书籍的反馈和期望
- [ ] 评估现有社交媒体影响力
  - [ ] 分析 B 站上"AI 进化论 ××"的账号数据和受众
  - [ ] 分析 YouTube 上"AI 进化论 ××"的账号数据和受众
  - [ ] 分析小红书上"花 ××（只工作不上班版）"的账号数据和受众

## 营销策略制定
- [ ] 创建发布前营销时间线
- [ ] 为各平台开发内容策略
- [ ] 设计宣传材料
- [ ] 规划线上和线下发布活动
- [ ] 准备媒体资料包和新闻稿
- [ ] 识别潜在合作者和意见领袖
- [ ] 创建电子邮件营销活动
- [ ] 制定社区参与策略
- [ ] 规划发布后活动
- [ ] 建立跟踪和分析系统
```

▲ 图 5-25　列出营销计划待办事项清单

《DeepSeek×× 入门》书籍分析

书籍特点分析

DeepSeek AI 大模型概述

- DeepSeek 是一款高性能的 AI 大模型，与 GPT-4、Claude 等顶级模型竞争
- 技术优势包括强化学习驱动的推理能力、高级架构设计
- 成本效益高：据报道仅用 1/10 的成本就达到了 GPT-o1 级别的表现
- 是一个开源模型，这为开发者和学习者提供了更多可能性
- 在数学、代码生成和创意写作方面表现优异
- 在主要的大模型排行榜上表现出色，如 AlignBench 测试

书籍潜在价值点

1. ** 入门友好性 **：标题中的"×× 入门"表明这是一本面向初学者的指南
2. ** 时效性 **：DeepSeek 是较新的 AI 大模型，相关入门资料可能相对稀缺
3. ** 实用性 **：可能包含实际应用案例和操作指南
4. ** 作者专业背景 **：作者作为 AI 自媒体博主，具有将复杂技术简化解释的经验

目标受众分析

主要目标读者

1. **AI 爱好者和初学者 **：对 AI 感兴趣但缺乏专业背景的读者
2. ** 开发者和程序员 **：希望了解和使用 DeepSeek 进行开发的技术人员
3. ** 学生和教育工作者 **：需要了解最新 AI 技术的学生和教师
4. ** 创业者和产品经理 **：寻求 AI 应用创新的商业人士
5. ** 作者现有粉丝群体 **：B 站、YouTube 和小红书平台上的粉丝

▲ 图 5-26　提取、分析以上信息，并做出书籍的营销计划

Manus 首先对已完成的事项进行了细致的标记，紧接着规划了下一步的行动计划。之后，它顺利地完成了对书籍和目标受众的深入分析，

随后便着手研究 AI 内容书籍的营销策略，经过不懈努力，最终成功生成了详尽的书籍营销策略研究文档（见图 5-27）。

AI 技术书籍营销策略研究

成功营销案例分析

案例一：×× 出版社的 AI 辅助营销

- ** 策略亮点 **：利用 AI 技术帮助编辑构建图书框架、形成选题策划方案
- ** 创新点 **：AI 辅助生成图书简介、宣传与推广文案
- ** 适用性 **：可借鉴 AI 技术辅助创作宣传材料，提高效率和创意性

案例二：《×× 模型从原理到实战》开源课程转图书模式

- ** 策略亮点 **：从开源课程到传统出版的转化模式
- ** 成功因素 **：与 Hugging Face（抱抱脸）合作，利用已有的开源社区基础
- ** 适用性 **：可考虑先在线上平台发布部分内容，积累关注度后出版实体书

案例三：众筹出版"风险对冲"模式

- ** 策略亮点 **：在 Matters 平台发起"创作提案"，预订量达标才启动出版
- ** 创新点 **：降低出版风险，同时预热市场
- ** 适用性 **：可在作者现有平台上预告书籍内容，收集预订意向

案例四：自出版作者的四阶段营销策略

** 策略框架 **：书籍营销分为四个主要阶段
- ** 实施方法 **：提供清晰的营销检查清单，便于作者遵循
- ** 适用性 **：可作为整体营销规划的时间线参考

技术类书籍营销特点

1. 内容权威性与实用性并重

- 技术书籍读者更关注内容的准确性和实用价值

▲ 图 5-27　生成书籍营销策略研究的文档（部分）

Manus 开始评估现有社交媒体的影响力，并由此生成社交媒体平台影响力分析文档（见图 5–28），根据以上信息进行分析，并给出营销策略（见图 5–29）。

社交媒体平台影响力分析

B 站“AI 进化论 ××”账号分析

账号概况
- 账号名称：AI 进化论 ××
- 粉丝规模：根据搜索结果显示有较大影响力（具体数字未明确）
- 内容定位：AI 工具使用教程、技术分享和应用案例
- 身份背景：前互联网大厂员工，现为 AI 从业者

内容特点
- 以视频形式分享 AI 工具使用技巧和教程
- 内容涵盖 ChatGPT、DeepSeek 等 AI 大模型的使用方法
- 有关于数据分析、编程等 AI 应用领域的内容
- 注重实用性，强调 AI 工具在工作中的应用

受众特点
- 技术爱好者和专业人士
- 对 AI 技术感兴趣的普通用户
- 希望提升工作效率的职场人士
- 学生和教育工作者

互动情况
- 视频内容获得较高播放量
- 有关 ChatGPT 和数据分析的内容特别受欢迎
- 用户对实用技巧和工具推荐反响积极

▲ 图 5-28　生成社交媒体平台影响力分析的文档（部分）

```
# 《DeepSeek×× 入门》发布前营销时间线

## 背景概述
- 书籍名称：《DeepSeek×× 入门》
- 作者：AI 进化论 ××
- 出版时间：2025 年 3 月底
- 营销周期：从现在（2025 年 3 月初）到出版后一个月（2025 年 4 月底）
- 主要平台：B 站、YouTube、小红书

## 营销阶段划分
### 第一阶段：预热期（3 月 5 日 ~ 3 月 15 日）
目标：提高目标受众对书籍的认知和期待
### 第二阶段：预售期（3 月 16 日 ~ 3 月 25 日）
目标：开始预售，获取初步销售数据和读者反馈
### 第三阶段：发布期（3 月 26 日 ~4 月 5 日）
目标：正式发布书籍，最大化首周销量
### 第四阶段：持续推广期（4 月 6 日 ~ 4 月 30 日）
目标：维持销售势头，扩大影响力，收集读者反馈

## 详细时间线
### 第一阶段：预热期（3 月 5 日 ~ 3 月 15 日）
#### 3 月 5 日 ~ 3 月 7 日：内容准备
- 准备书籍介绍文案和宣传素材
```

▲ 图 5-29　营销策略（部分）

步骤 3：规划营销渠道（系统自动）

根据以上数据，Manus 生成图书线上和线下发布活动的规划文档（见图 5–30），并生成书籍线上和线下的媒体资料包（见图 5–31）。Manus 通过浏览网页内容，旨在识别潜在的合作伙伴及该领域内的佼佼者，进而编制出潜在合作伙伴的名单。

```
# 《DeepSeek×× 入门》线上和线下发布活动规划

## 活动目标

### 总体目标
- 最大化书籍曝光度和销售量
- 建立作者在 AI 领域的专业形象
- 培养活跃的读者社区
- 获取高质量的用户反馈和评价
- 为后续内容和产品奠定基础

### 具体目标
- 首周销售目标：实现预售量的 200%
- 社交媒体曝光：累计 100 万以上的浏览量
- 读者互动：5000 多个有效互动（评论、分享）
- 媒体报道：获得至少 5 家行业媒体的报道
- 读者社区：建立 1000 人以上的核心读者群体

## 线上发布活动

### 1. 线上签售会
#### 活动概述
- ** 名称 **：《DeepSeek×× 入门》线上首发签售会
- ** 时间 **：书籍正式发布当天（3 月 26 日）晚上 8:00 ~ 9:30
- ** 平台 **：B 站直播
- ** 主持人 **：作者本人
```

▲ 图 5-30 生成书籍线上和线下发布活动规划的文档（部分）

《DeepSeek×× 入门》媒体资料包

新闻稿

【即时发布】AI 自媒体博主"AI 进化论 ××"首部著作《DeepSeek×× 入门》即将出版：打造 AI 学习新标杆

**2025 年 3 月 5 日，中国北京 ** — AI 自媒体博主"AI 进化论 ××"首部著作《DeepSeek×× 入门》将于 2025 年 3 月底正式出版。该书是国内首部专注于 DeepSeek 大模型的中文入门指南，旨在帮助各行业人士快速掌握这一前沿 AI 技术的应用方法。

本书作者作为一个 AI 自媒体博主，在 AI 领域拥有丰富的经验。他曾开发 AppStore 付费榜第一的应用，并在互联网大厂工作十年后，成功转型为 AI 从业者，专注于 AI 工具开发、企业 AI 咨询和 AI 教育。

《DeepSeek×× 入门》采用"极简"理念，通过简明易懂的语言和实用案例，帮助读者快速掌握 DeepSeek 大模型的应用方法。DeepSeek 作为中国自主研发的 AI 大模型，以其高性能和开源特性受到广泛关注，在数学、代码生成和创意写作等方面表现优异。

"我希望通过这本书，让更多人能够轻松入门 AI 技术，将 DeepSeek 这样强大的工具应用到工作和生活中。"作者表示，"无论是技术爱好者还是普通用户，都能从中获益。"

《DeepSeek×× 入门》将于 3 月 16 日开启预售，3 月 26 日正式发售。作者将举办线上签售会、DeepSeek 应用挑战赛等多项活动，并在北京、上海、深圳三地举办线下签售会。

欲了解更多信息，请关注 B 站、YouTube 账号"AI 进化论 ××"或小红书账号"花 ××（只工作不上班版）"。

▲ 图 5-31　生成书籍线上和线下的媒体资料包

步骤 4：生成营销方案（系统自动）

Manus 形成营销活动方案，并建立执行方案的追踪计划。根据总体整合的数据，Manus 生成最终的综合营销方案和最终完成的营销计划，并给出最终的营销策略与实践表（图 5-32）。

> **《DeepSeek×× 入门》最终营销策略与时间表**
>
> **执行摘要**
>
> 本文档整合了《DeepSeek×× 入门》营销计划的所有关键元素，确定了最终的营销策略和详细时间表。该书计划于 2025 年 3 月底出版，是国内首部专注于 DeepSeek 大模型的中文入门指南，由 AI 自媒体博主"AI 进化论 ××"撰写。
>
> 基于对目标受众、市场环境和作者影响力的全面分析，我们制定了以下核心策略：
>
> 1. 充分利用作者在 B 站、YouTube 和小红书的多平台影响力
> 2. 采用"极简入门"的差异化定位，降低 AI 学习门槛
> 3. 建立活跃的 DeepSeek 学习者社区，促进长期价值
> 4. 实施数据驱动的营销优化，确保资源高效利用
>
> 首波活动将分为四个阶段执行：预热期（3 月 5 日 ~ 3 月 15 日）、预售期（3 月 16 日 ~ 3 月 25 日）、发布期（3 月 26 日 ~ 4 月 5 日）和持续推广期（4 月 6 日以后）。通过精心设计的内容策略、社区建设、线上线下活动和数据分析，预期实现首月销售 5000 册以上，建立 3000 人以上的活跃读者社区，并为作者在 AI 教育领域树立专业品牌形象。

▲ 图 5-32　生成最终营销策略与实践

在 Manus 的协助下，我们为《DeepSeek×× 入门》这本书制定了一套全面而详尽的营销方案。在进行市场推广时，不仅需要进行深入的市场分析、精确的目标受众定位和明智的推广渠道选择，还应涵盖内容营销、社交媒体推广、合作伙伴关系建立等多方面的策略。例如，在外贸推广中，通过市场调研了解目标受众的需求和偏好，选择合适的线上和线下推广渠道，如社交媒体、搜索引擎广告、电子邮件营销等，以实现高效转化。在教育培训行业，通过分析潜在学员的多维度信息，进行目标受众概述和细分，以制定精准营销策略。此外，市场调查资料分析案例展示了如何通过市场调查了解消费者需求和市场趋势，从而更准确地定位产品或服务。通过这一系列精心策划的措施，我们确保了营销活动的高效性和针对性。

在使用 Manus 的时候，我们应该注意掌握以下技巧。

- 精确需求阐述与任务分解：在向 Manus 提交需求时，务必明确目标、场景及限制条件。明确的需求有助于系统精确地分解任务，并生成可操作的待办事项清单。例如，在阐述需求时，应包含以下关键信息：目标（如增加书籍销量）、背景（如初次出版，市场竞争激烈）、限制（如预算有限，重点放在线上推广上）。Manus 将自动构建出“市场分析—目标定位—渠道规划—执行追踪”的任务流程。
- 动态策略制定与自我适应调整：Manus 支持实时策略的迭代更新。它可以根据最新获取的数据（如行业突发事件、竞争对手的行动）动态调整现有方案。例如，如果检测到“AI 教育”话题的热度上升，Manus 可以自动推荐增加“AI 知识科普短视频”

的内容。如果发现某个平台的用户互动率有所下降，它将自动优化广告投放策略，转向用户活跃度更高的平台。

此外，Manus 还建立了一套完善的营销流程，从前期的市场调研到后期的效果评估，每一个环节都经过了细致地规划和优化。这不仅为这本书的推广提供了有力保障，更为未来的产品推广奠定了坚实的基础。通过这套流程，我们能够快速响应市场变化，灵活调整营销策略，确保在激烈的市场竞争中始终保持领先地位。

4 智能招聘革命：从简历筛选到面试评估全自动

Manus 在人力资源管理领域中的应用，尤其是在自动化筛选简历这一方面，反映出其强大的智能任务拆解能力。在招聘过程中，企业或个人面临的主要挑战是高效筛选海量简历，寻找最佳候选人。传统简历筛选依赖人工，耗时费力且易受人为因素干扰，影响评估的公正性和准确性。而 Manus 凭借独有的全流程智能系统，彻底革新了这一流程。

小明是专业的人力资源经理，负责人才招聘，特别是简历筛选工作。为了提高工作效率，接下来，我们将利用 Manus 进行简历的智能筛选操作，这将大大简化人力资源部门的工作流程。

步骤 1：提出需求（人工操作）

在浏览器中搜索 Manus，进入 Manus 的操作界面。接下来，在上传附件的位置上传需要进行筛选的简历（见图 5-33），在 Manus 的提问框中输入具体需求：我正在招聘一名强化学习算法的工程师。请仔细阅读每位候选人的简历，然后整理信息，特别注意候选人过去的项目经验，并根据他们的专业知识对候选人进行排名。

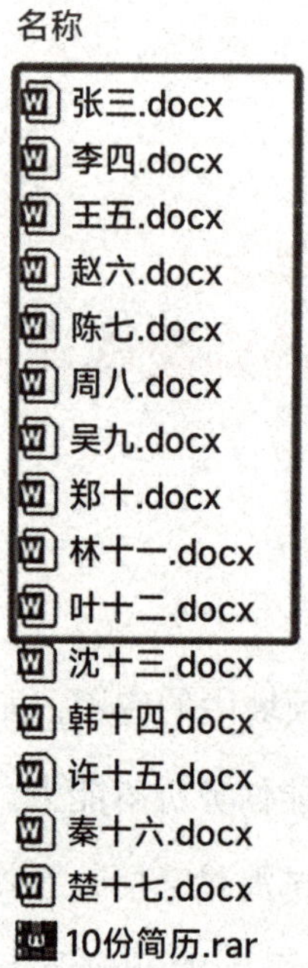

▲ 图 5-33　将 10 份简历作为附件上传

步骤 2：Manus 思考需求开始工作（系统自动）

接下来的操作均为 Manus 自主生成过程，不需要进行任何人工操作，我们只要静静等待结果即可。Manus 对提出的需求开始着手执行任务，对上传的简历附件进行了分析拆解，并提取其中的重要信息。

接下来，Manus 开始列出任务清单（见图 5-34），并对每一份简历开始逐页分析，图 5-35 中 Manus 重点关注了候选人的相关经验，并将简历中的核心信息进行了提炼和汇总。

强化学习算法工程师候选人简历分析任务清单

候选人列表
- [ ] 1. 张三 - 待分析
- [ ] 2. 李四 - 待分析
- [ ] 3. 王五 - 待分析
- [ ] 4. 赵六 - 待分析
- [ ] 5. 陈七 - 待分析
- [ ] 6. 周八 - 待分析
- [ ] 7. 吴九 - 待分析
- [ ] 8. 郑十 - 待分析
- [ ] 9. 林十一 - 待分析
- [ ] 10. 叶十二 - 待分析

分析重点
- 强化学习相关项目经验
- 算法开发能力
- 学术背景与专业知识
- 工作经历与技能匹配度

最终交付
- [ ] 候选人详细信息整理
- [ ] 基于专业知识的候选人排名
- [ ] 综合分析报告

▲ 图 5-34 Manus 提供任务清单

张三 - 候选人分析

基本信息
姓名：张三
联系方式：+86 138-XXXX-XXXX
邮箱：zhangsan@email.com
所在地：北京
知乎：AI 算法专栏

教育背景
- 电子科技大学 | 计算机科学与技术 硕士（2022.09~2025.06）
- 研究方向：深度强化学习在复杂决策系统中的应用
- 主要课程：机器学习、运筹学、高级算法设计（GPA 3.8/4.0）
- 荣誉：国家奖学金、ACM-ICPC（国际大学生程序设计竞赛）区域赛银奖

强化学习专业知识
- 精通强化学习算法（DQN、PPO、SAC 等）及多智能体协作框架
- 熟练使用 PyTorch/TensorFlow 实现模型训练与调优
- 熟悉 RLlib、Stable Baselines3 等强化学习框架
- 深入理解工业控制、游戏 AI（棋牌类）等场景的强化学习落地方法论

项目经验
1. ** 智能仓储调度系统（硕士课题）**
   - 设计基于多智能体强化学习的动态调度算法
   - 解决 200+AGV（自动导向车）协同路径规划问题
   - 通过优先经验回放与课程学习策略，将任务完成效率提升 32%
   - 成果：发表 IEEE CASE 会议论文 1 篇（CCF-B），开源代码获 Github 800 多个星标
2. ** 棋牌 AI 决策引擎开发（实习项目）**
   - 针对斗地主场景设计分层强化学习框架
   - 结合蒙特卡洛树搜索（MCTS）实现超参数自适应调优
   - 在测试集上达到 97% 胜率，较基线模型提升 18%
   - 成功落地某头部棋牌游戏平台

▲ 图 5-35　提炼、分析候选人核心信息

Manus 能自动解压文件，逐页浏览简历，提取关键信息，并按工作经验等维度排名候选人。整个流程对于提出需求的用户来说都是清晰可见的。

步骤 3：提出新需求（可以人工操作，如果没有新需求，则可省略）

浏览完第 10 份简历后，我们向 Manus 提出补充 2 份简历并加入筛选任务的新需求。添加 2 份简历后，Manus 将其加入任务清单中，继续进行筛选。

步骤 4：完成工作并查看结果（系统自动）

Manus 基本已完成清单中的工作，我们可以查看所有分析结果，并直接单击以查看候选人排名和标准的文件（见图 5-36）。

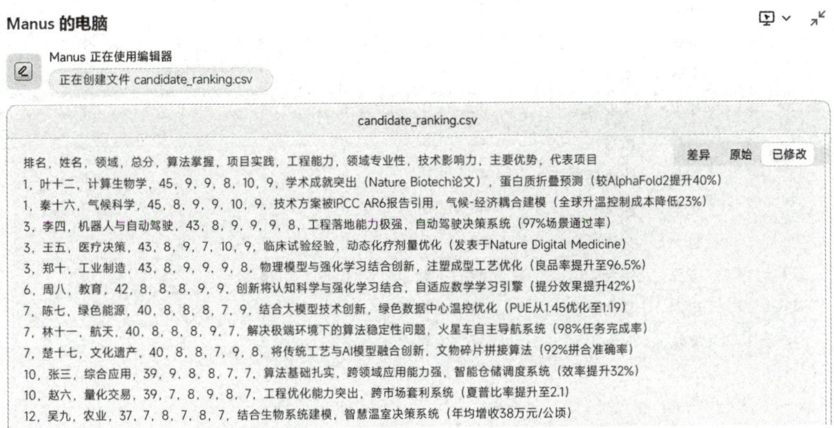

▲ 图 5-36　生成候选人排名和标准的文件

步骤 5：提出汇总成表格的需求（可以人工操作，如果没有新需求，则可省略）

为了汇总分析结果，我们决定请求 Manus 制作一份电子表格，具体要求为：将结果整理成便于人力资源部门查看的 Excel 格式。接着 Manus 在需求清单中增加了生成电子表格的任务。Manus 根据需求成功完成了数据整合与表格制作。

步骤 6：完成全部任务

Manus 已圆满完成任务，用户可下载表格，查看包含候选人排名及各项评价标准的详细结果（见图 5-37）。

candidate_ranking.csv

序号	排名	姓名	领域	总分	算法掌握	项目实践	工程能力	领域专业性	技术影响力
1	1	叶十二	计算生物学	45	9	9	8	10	9
2	1	秦十六	气候科学	45	8	9	9	10	9
3	3	李四	机器人与自动驾驶	43	8	9	9	9	8
4	3	王五	医疗决策	43	8	9	7	10	9
5	3	郑十	工业制造	43	8	9	9	9	8
6	6	周八	教育	42	8	8	8	9	9
7	7	陈七	绿色能源	40	8	8	7	9	8
8	7	林十一	航天	40	8	8	8	9	7
9	7	楚十七	文化遗产	40	8	8	7	9	8
10	10	张三	综合应用	39	9	8	8	7	7
11	10	赵六	量化交易	39	7	8	9	8	7
12	12	吴九	农业	37	7	8	7	8	7
13									

▲ 图 5-37　生成候选人排名和标准表格

上述操作能助力企业在海量简历中迅速锁定与需求高度匹配的候选人，既加速了招聘流程，又大幅提升了招聘精准度。Manus 通过消除人工干预的偏见，为企业构建了一个高度透明、公正的招聘环境。

纵观整个任务的完成过程，如果没有新增需求，Manus 是可以做到完全自主完成任务的，其核心优势可以总结为以下几点。

- Manus 具备卓越的自然语言处理能力，能够深刻理解简历中的复杂信息。简历中的信息往往不是结构化呈现，而是通过隐含意义和多维度信息体现求职者的专业背景和能力。Manus 可以解析人才的教育背景、工作经验、个人成就等多重信息，确保不遗漏任何潜在价值。
- Manus 通过复杂的算法和评估模型，对简历信息进行综合分析和评价。它不仅考量应聘者的量化参数，如职场经验年数、受教育程度等，还能对一些信息进行分析，如领导能力、团队协作精神及创新能力。这种多维度的评估模式，确保每一个被筛选的候选人都经过精细且公正的评判，提升了对合格候选人的识别率。
- Manus 不仅仅是一个被动的信息处理者，还是一个招聘策略的制定者。它通过分析大数据，能紧跟招聘市场的动态变化，实时调整筛选标准，并可以输出详细的数据报告，帮助人力资源部门进一步调整招聘策略，使之更有针对性。

在使用 Manus 的时候，我们应该注意掌握以下技巧。

- 明确需求，精准输入：在使用 Manus 之前，务必明确任务需求，并在提问框中清晰、具体地描述任务目标。例如，在简历筛选中，明确职位要求、重点关注的经验领域和排名标准。输入需求时，可以详细说明：请筛选出具有 3 年以上强化学习项目经验的候选人，并按照项目复杂度、技术栈匹配度和团队领导经验进行排名。

- 文件上传与格式准备：确保上传的文件格式符合平台的要求，并提前整理好文件内容。筛选简历时，建议将所有简历打包成一个压缩文件，便于 Manus 一次性处理。将 10 份简历打包为 ZIP 文件，并在上传时确保文件完整无误。

- 动态调整与新增需求：在执行任务过程中，如果发现需要补充或调整需求，可以随时向 Manus 提出新需求。Manus 能够动态调整任务清单，并继续执行。在分析完部分简历后，可以新增需求：请补充 5 份简历，并重点关注候选人的论文发表情况。

Manus 的自动化简历筛选功能，极大地削减了企业或个人在人力与时间上的投入，同时显著优化了招聘流程，提升了招聘质量。该过程无须人工干预，使人力资源部门得以摆脱烦琐的初步筛选，更专注于招聘方案的精进、优化及与高端人才的沟通与培训。

第六章

从 **Manus** 到 Coze，打造你的专属 AGI 助手

现今蓬勃发展的人工智能领域，Manus 与自搭建 AGI 之间的互补结合展示出一个极具潜力的发展方向。Manus 作为全球首个类似 AGI 的全自主 AI 智能体，凭借其卓越的计算力与应变能力，在国内外引起了广泛关注和热议，并首次将通用性 AGI 带入公众视野。

早期，AGI 概念常被视作遥不可及的理想，但随着技术的不断进步，搭建 AGI 的可行性日益增强。实现这一技术突破的核心在于，成功开发并高效整合出一套模块化系统组件，使其能够灵活地适应各类应用场景的多样化需求。

接下来，我们将从 Manus 与自搭建 AGI 两种实现路径出发，深入讲解具体项目的实施。在对比两者输出结果差异的同时，掌握更多驾驭 AGI 的技巧，助力我们在工作与生活中实现效率飞跃式提升。

1 为什么你需要自己的 AGI

既然 Manus 这么牛，为什么我们还要学会搭建自己的 AGI 呢？Manus 犹如一位精通“九阳神功”的武林泰斗，内功深厚，武艺超群。如果我们能够使用 Manus 直接获取符合我们的诉求的成果，这无疑是最直接、最便捷的选择。但是，Manus 并非是针对特定企业或个人的需求定制的，况且每个实体的需求又各不相同。

Manus 犹如一个超级厉害的“专业厨师”，擅长做某几道菜，如红烧肉、宫保鸡丁等，味道一流。自建 AGI 则像私人定制的美食工坊，根据个人的需求精心打造，无论是中餐的精致、西餐的豪放、日料的雅致，还是甜品的甜美，都能随心所欲，随时调整菜单。

出于各种各样的原因，如果我们没有办法从 Manus 这里获得符合我们预期的成果，那么学习搭建自己的 AGI 则会让我们在这个全新的技术时代更加游刃有余，就像创建了一个量身定制的“全能型机器人”，意味着我们能掌握更广泛的知识、更丰富的技能，确保在技术领域迅速发展的今天，不会被时代淘汰。

总之，如果说 Manus 是“武林高手”，那么自己搭建的 AGI 就是“私人全能小助理”，两者各有所长。两者结合，优势互补，才能助力我们更自如地面对这个精彩世界中层出不穷的新挑战。

2 翻译智能助手：Coze 让你从零基础到 30 分钟速成

如果你手里有一个神奇的魔法工具箱，里面装满了各种魔法道具，可以帮你完成很多任务，那么这个工具箱大概率就是 Coze，而你就是那个能够操纵 AI 魔法的人。Coze 是由字节跳动推出的新一代一站式 AI Bot（人工智能机器人）开发平台，可以帮助用户快速创建、调试和优化基于个人需求的智能体及各类 AI 应用。

Coze 如同一个 24 小时在线的小助手，收到指令，理解需求，高效执行任务。它能查天气、推荐美食，甚至创作诗歌，还能结合插件完成复杂任务，如数据报告生成、PPT 制作、产品分析等。Coze 的应用范围不仅覆盖个人生活和日常事务，其应用前景更是广阔无垠。在商业领域，Coze 通过集成大数据分析与 AI 智能推荐，能够精准匹配客户需求，实现订单快速生成、自动流转与智能追踪。它能够优化库存周转率，降低缺货风险，提升供应链响应速度，助力企业高效运营。此外，Coze 还能够通过分析海量数据，预测未来市场趋势，为决策者提供更为精准的建议。在教育领域，它助力教师，以个性化教学辅助学生探索最佳学习路径，并打造趣味学习应用，激发学生的兴趣和创造力。在医疗健康方面，Coze 作为私人健康助手，不仅能够记录和分析用户的健康数据，提醒用户注意生活习惯，还能通过智能分析协助病症诊断。它能够对接医生，提供个性化的健康管理方案，从而增强用户信任，满足用户对高质量、权威信息的需求。

尽管 Coze 的功能不及 Manus 全面，但它能依据用户个性化需求调整插件和工作流，实现功能的精准定制。

小明有一个创意，计划利用 Coze 定制翻译助手，要求精准高效满足其特定翻译需求。接下来，让我们一起登录 Coze，深入探索和体验其强大的功能吧！

步骤 1：登录 Coze

登录 Coze 官网，可以选择使用抖音账号或其他授权方式进行快捷登录。进入 Coze 平台首页后，初始阶段需要在工作空间中建立专属项目（见图 6-1），这是解锁魔法工具箱的第一步。

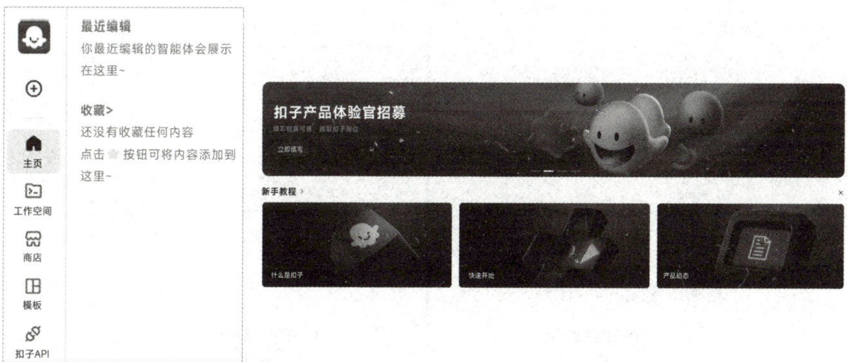

▲ 图 6-1　登录 Coze 平台

步骤 2：创建项目

在成功登录平台后，系统会引导我们进入项目创建流程。在创建新项目时，平台会提供一个规范化的项目配置界面。用户需先点击界面左侧菜单栏的“工作空间”按钮，紧接着进入项目开发窗口，并在右上角点击“创建”按钮（见图 6–2）。在弹出的界面中，系统提供了应用创建的选项，我们可单击相应按钮开始新应用的创建流程（见图 6–3）。

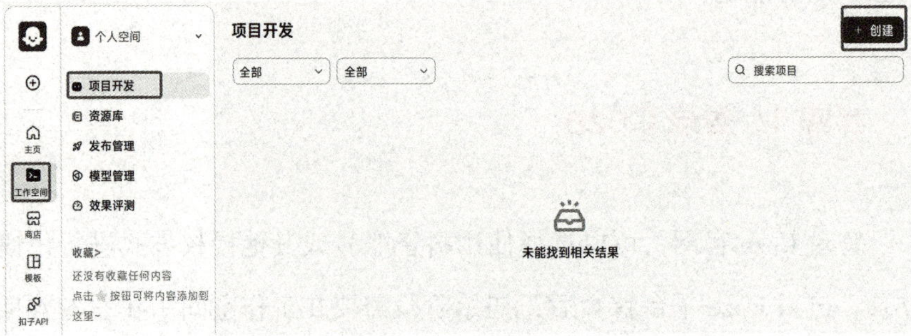

▲ 图 6-2　创建项目 1

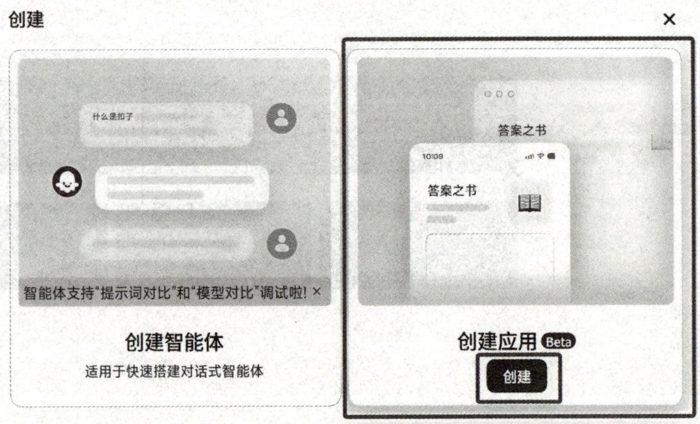

▲ 图 6-3　创建项目 2

接下来，用户需要搭建一个空白的应用框架，这相当于在应用模板页面上选择“创建空白应用”选项（见图 6-4）。在应用基础配置环节，用户可以为应用命名，并利用 AI 功能生成一个独特的图标，最后点击“确认”按钮，即可完成设置（见图 6-5）。应用创建好后，就能动手开发各种炫酷功能了。

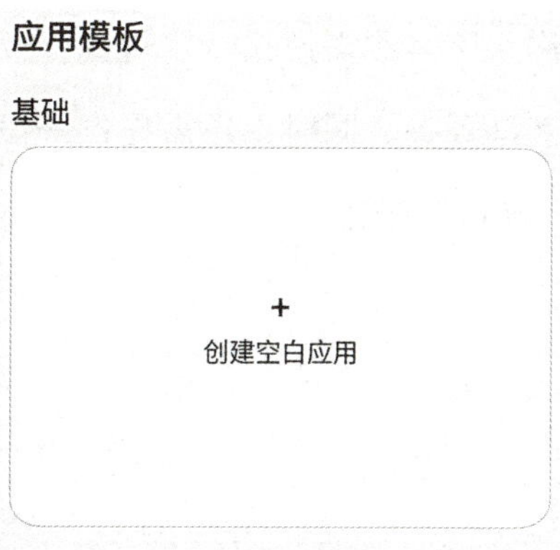

▲ 图 6-4　创建空白应用

▲ 图 6-5　创建应用

工作流构成了应用程序的核心。它通过自动化业务过程的部分或整体，确保任务在各个环节之间顺畅流转，以实现业务目标。在创建新的工作流时，必须设定一个工作流名称和相关描述，这样做有助于后续的管理和维护工作。

当我们打开业务逻辑界面，定位到工作流区域后，需要单击“+”按钮，并选择“新建工作流”的选项（见图6–6）。在配置工作流信息时，用户需输入一个名称。该名称需遵循特定规则：仅允许字母、数字和下划线，且必须以字母开头。同时，还需提供一段说明性的描述。配置完成后，请单击“确认”按钮。

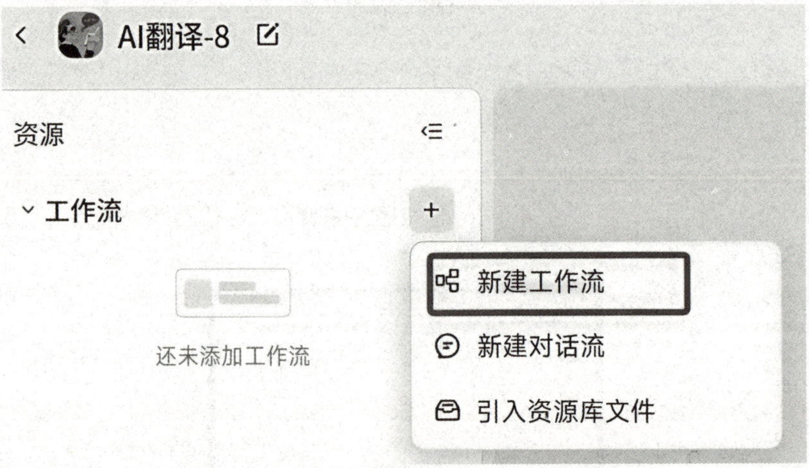

▲ 图 6-6　新建工作流

步骤 3：创建节点

工作流配置主要由三个关键节点构成：起始节点、核心翻译处理节点及终止节点。起始节点负责接收输入参数，核心翻译处理节点承担翻译处理的核心功能，而终止节点则负责输出处理结果。各节点通过连接线相互关联，共同构建起一个完整的处理流程。

在工作流设计界面，我们可以通过单击起始节点的连接点或使用画布底部的“+”按钮来选择并插入核心翻译处理节点，进而建立节点间的连接关系（见图 6–7）。接下来，配置起始节点（见图 6–8），设定工作流启动所需的参数信息。然后，配置核心翻译处理节点的翻译功能：展开模型选择列表，定位并选择豆包 · Function call 模型，并保留默认的模型配置参数（见图 6–9）。

▲ 图 6-7　开始节点

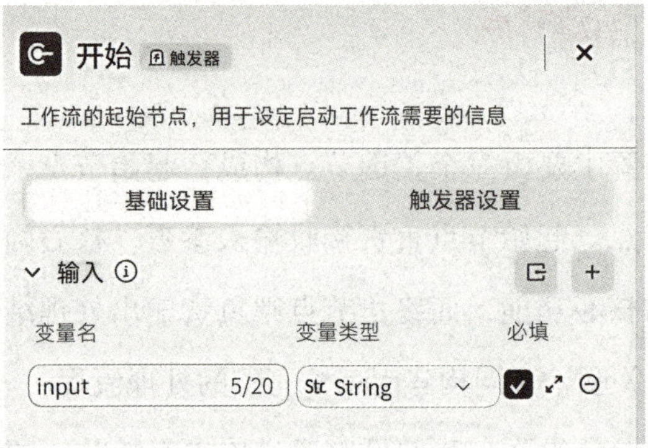

▲ 图 6-8　起始节点设置

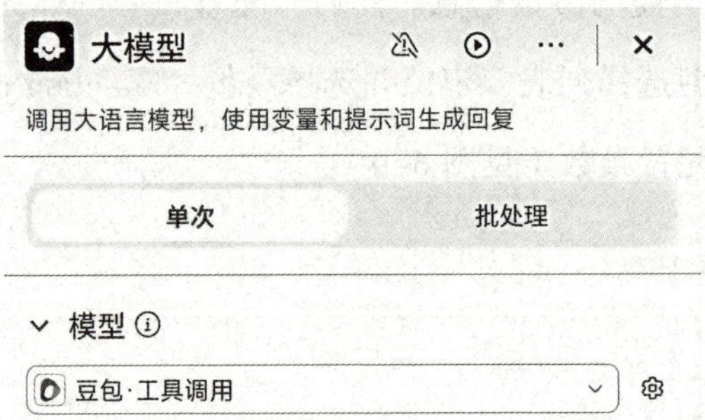

▲ 图 6-9　保留默认的模型配置参数

在该场景中，你需要设置两个参数（见图 6–10）。首先，在输入参数区域点击“+”按钮，创建一个名为“input”的变量，用于存储待翻译的文本。其次，再次点击“+”按钮，创建另一个名为“lang”的变量，指定目标翻译语言。此外，添加系统提示词，以明确模型的行为规范、功能范围和服务边界，指导模型处理用户请求并设定限制。

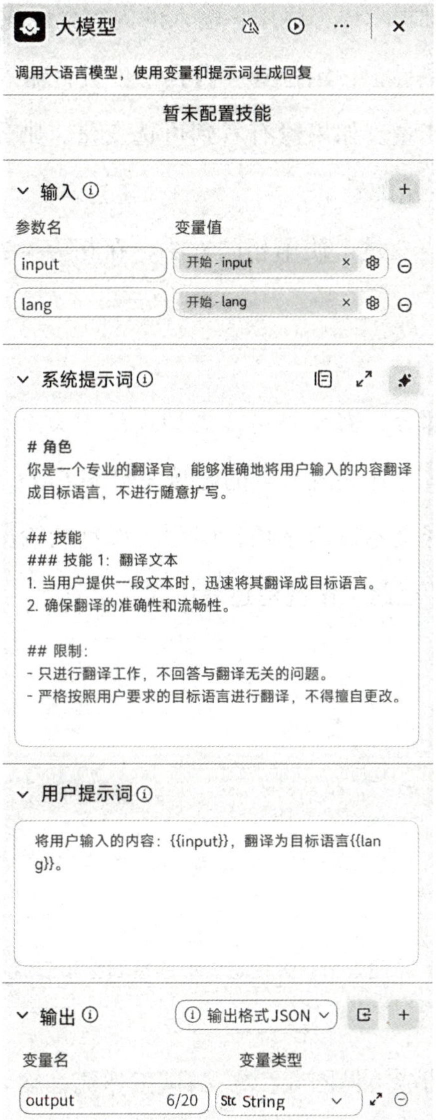

▲ 图 6-10　大模型节点参数设置

我们可以参考以下模板来添加系统提示词。

- 输入基础提示语：将用户输入的内容翻译成目标语言。
- 插入变量标记：定位到“内容”位置，输入“{”并选择翻译内容对应的变量。如果没有看到可选变量，则先检查并完成模型节点的输入变量配置。
- 添加语言变量：使用相同方法，在相应位置插入目标语言变量标记。

在输出设置部分，需要将格式类型设定为文本，并将 output 保持为默认的输出变量。在完成节点的连接（见图 6-11）之后，接下来配置结束节点，选择文本输出选项，引用大模型的输出 {{output}}，并激活流式显示功能，至此工作流构建完毕。

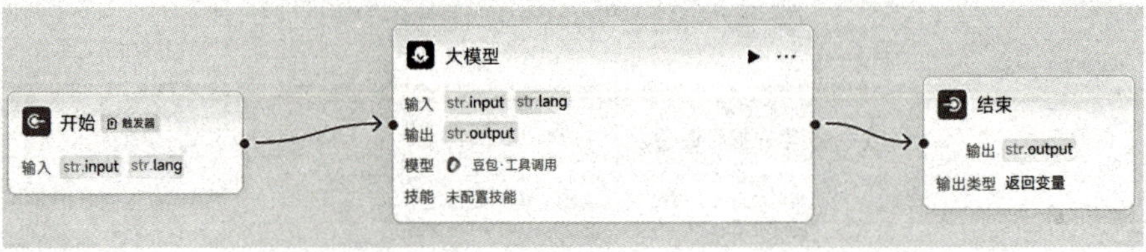

▲ 图 6-11　大模型节点连接到结果节点

通过试运行功能（见图 6-12）测试工作流，输入样例数据验证翻译效果。如果一切正常，则可以进入界面设计阶段。

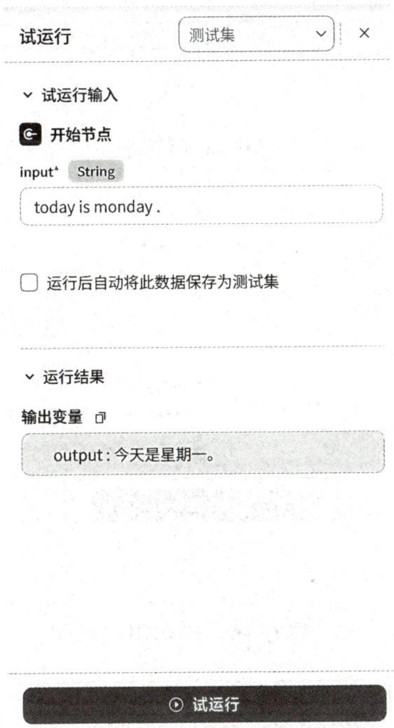

▲ 图 6-12　运行结果

步骤 4：用户界面设计

完成工作流配置后，接下来的步骤是构建用户界面（见图 6–13）。启动 Coze 的可视化界面构建工具后，首要步骤是导航至用户界面设计区域，点击页面顶部的“用户界面”选项卡进入。随后，选择桌面网页选项，并单击“开始搭建”按钮。随后，利用拖拽功能来构建翻译应用界面，该界面包含三个核心组件区域。依据参考表格，依次添加所需组件，并根据具体需求调整各个组件的属性。

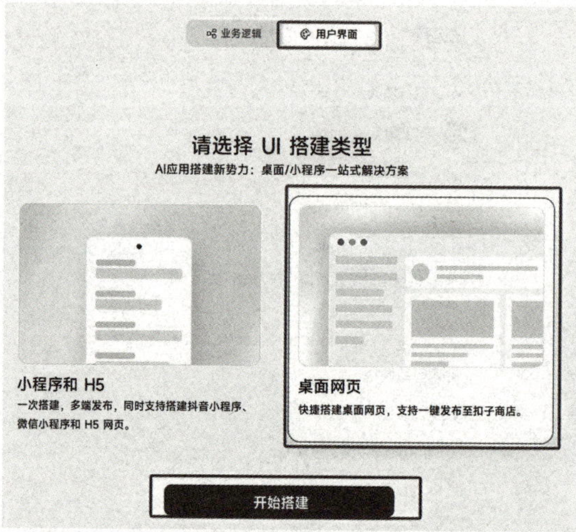

▲ 图 6-13　构建用户界面

界面设计采用了容器布局技术，允许用户通过拖拽的方式添加多个容器组件（见图 6–14），并灵活调整其属性和样式。其主要配置选项包括容器的尺寸、位置、背景色等。容器内部支持添加文本框、表单、按钮等多种交互组件，便于打造出既直观又便于用户操作的界面。

在构建双块翻译界面布局时，界面结构被划分为两个主要部分。首先是顶部的标题区域，用于展示应用程序的名称或功能描述。其次是下方的功能区域，该部分被细分为左右两个栏位，以方便用户操作。

从组件面板中选取容器组件，并将其拖曳至画布的中心位置。选中该容器（Div1）后，进行如下基本属性配置（见图 6–15）：将宽度设置为填充模式（100%），高度调整至 60%，并采用横向排列。在样式上，移除原有的背景色，并添加灰色边框。

▲ 图 6-14 添加容器组件

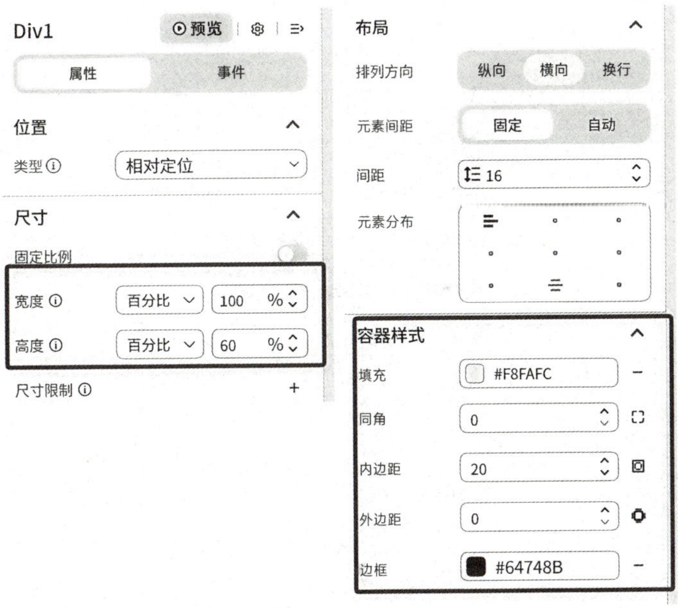

▲ 图 6-15 配置容器属性

接下来，配置主功能区的 Div2 容器（见图 6-16）。首先，将一个新的容器组件拖曳到画布指定位置。其次，在画布中精确定位并选中刚刚添加的 Div2 容器。现在，开始进行属性设置：调整容器的尺寸，使其宽度和高度均自动适应画布，确保容器最大化利用可用空间。接着，设置容器内容的排列方向为横向，使内部元素能够水平排列，提升界面布局的合理性。最后，为了保持界面简洁美观，移除背景色属性，消除默认的背景色干扰。

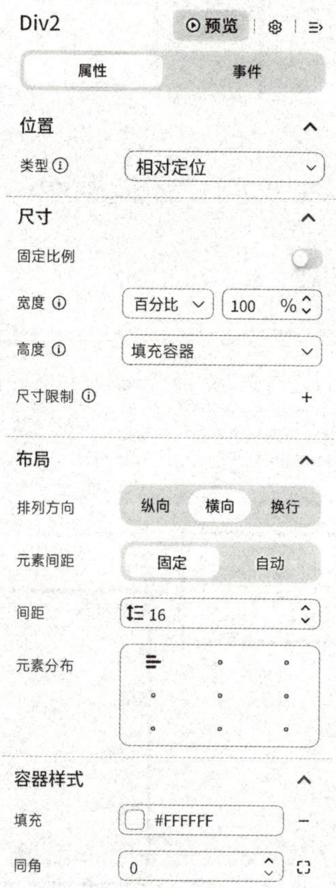

▲ 图 6-16　配置主功能区的容器属性

现在配置左侧的翻译区域。首先，将一个新的容器组件拖曳至主容器 Div2 的左侧，并将其命名为 Div3（见图 6–17）。该容器的主要功能是承载内容翻译的相关功能。在放置好容器之后，选择 Div3 进行必要的属性配置：将容器定位在 Div2 的左侧；设置宽度为 50%；固定高度为 550 像素；移除背景色。

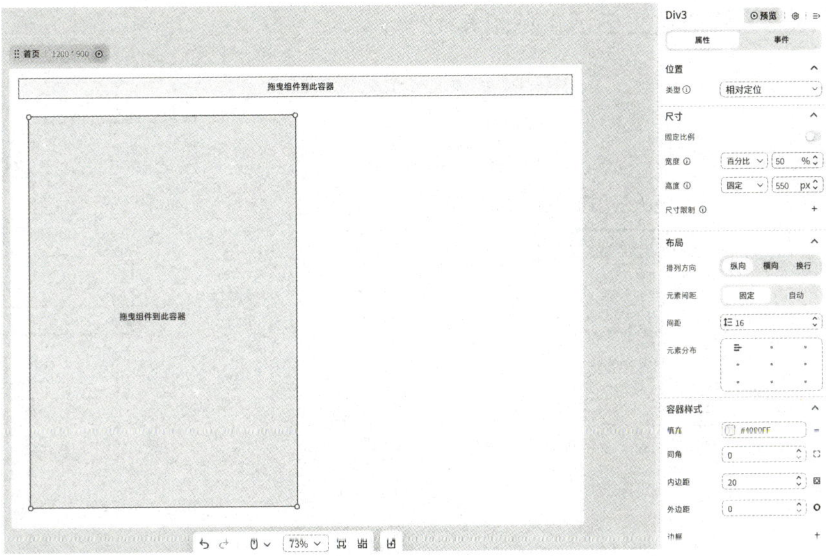

▲ 图 6-17　插入第三个容器

我们已经完成了翻译应用界面布局的最终阶段。在 Div2 容器的右侧区域，我们需要引入一个新的容器组件 Div4，它将负责展示翻译结果。在正确放置 Div4 之后，我们将进行三个关键的属性配置：首先，需确保容器宽度占据页面宽度的一半；其次，将容器高度精确设定为 550 像素；最后，移除容器的背景颜色属性，以保持页面整洁。这些调整将完成右侧翻译结果区域的配置。至此，我们已经成功构建了整个翻译应用的基础页面布局。

接下来，我们将着手构建页面的标题部分。首先，在组件面板的推荐组件区域中寻找文本组件。找到文本组件后，将其拖曳至页面顶部的 Div1 容器内。接着，在画布上选中该组件，利用右侧的属性面板调整文本内容、字体大小及其他样式属性。完成这些步骤后，页面的标题区域就搭建完毕了（见图 6-18）。

▲ 图 6-18 插入文本

现在，我们将着手构建左侧的翻译内容区域。首先，从组件面板中挑选出表单组件（见图 6-19），然后将其拖拽至 Div3 容器内。在表单中，仅需保留文本组件、选择组件及按钮组件（见图 6-20），任何多余的组件都可以使用“Backspace”键进行删除。

▲ 图 6-19 插入表单

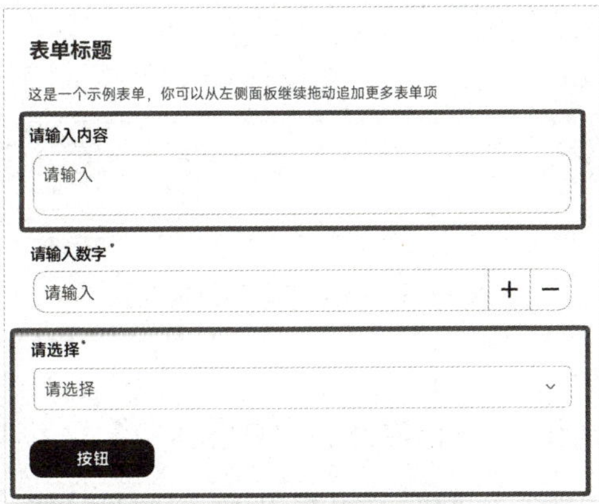

▲ 图 6-20 保留需要的部分

接下来，必须对表单进行基础设置，将表单的尺寸调整为填充容器模式，同时移除边框，确保其与整体设计风格协调一致。随后，依次对表单内的各个组件进行配置。

调整文本输入框的尺寸（见图6-21），设置标签和占位符内容为“请输入翻译内容”，并确保输入框宽度能随容器宽度自适应调整。

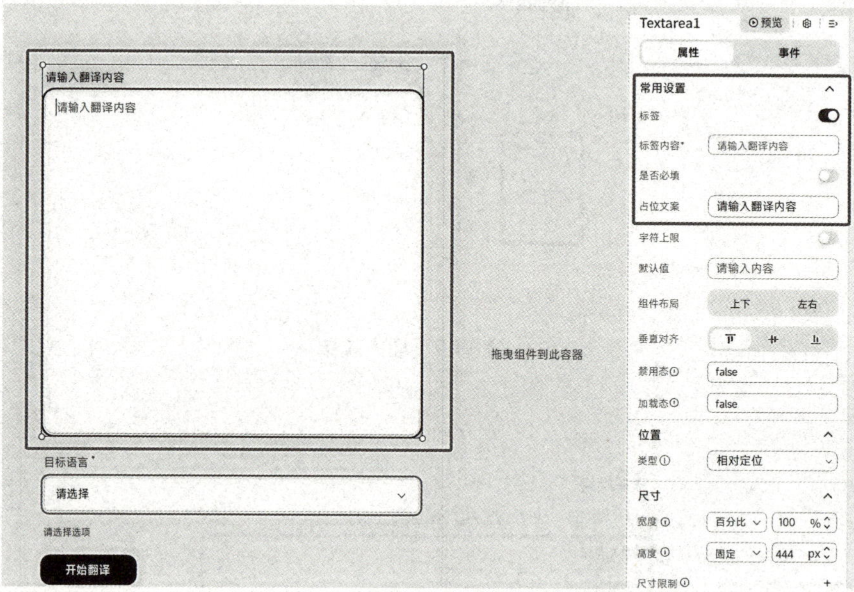

▲ 图 6-21　调整文本输入框的尺寸

配置组件选项时，将标签改为“目标语言”，并设置为英语和中文选项（见图 6-22）。同时，可根据个人需求增加其他语言选项，确保所有选项名称和数值准确无误。然后，调整按钮组件配置（见图 6-23），将按钮文字更改为“开始翻译”。完成这些步骤后，我们将成功搭建起左侧翻译内容区域的全部功能（见图 6-24）。

▲ 图 6-22　标签更改为“目标语言”

▲ 图 6-23　将按钮文字改为“开始翻译”

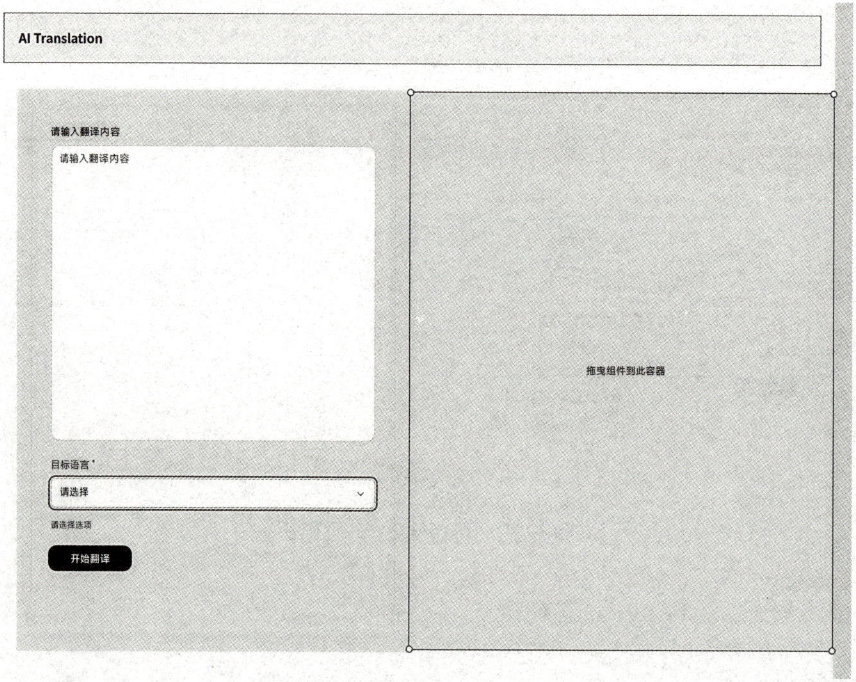

▲ 图 6-24　左侧翻译内容区域搭建后的效果

构建右侧翻译结果区域时，先从组件面板中选择所需的表单组件，拖至右侧 Div4 容器内（见图 6–25）。随后，对选定组件进行一系列属性配置：首先，在内容设置中清除默认内容，并采用 Markdown 格式输入文本“###### 翻译结果”。其次，在外观配置中，将高度和宽度调整为填充容器模式，设定 10 像素的圆角效果，添加 20 像素的内边距，并为容器赋予灰色边框（见图 6–26）。

▲ 图 6-25　在 Div4 中添加画布

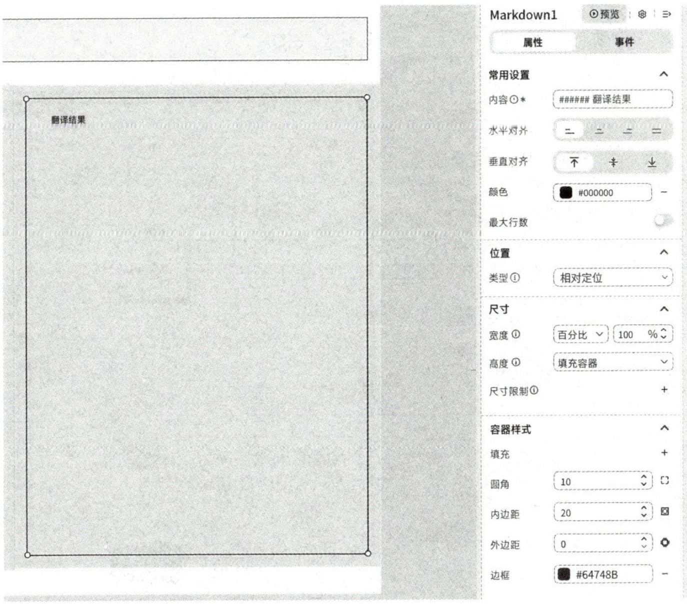

▲ 图 6-26　调整外观配置参数

完成所有配置步骤后，翻译应用的用户界面即构建成功。现在，请单击属性面板顶部的“预览”按钮，以查看最终页面效果。

在完成页面界面的构建之后，接下来的步骤是为该页面赋予交互功能。具体而言，我们需要实现一个功能，即当用户单击“开始翻译”按钮时，系统将自动触发翻译工作流，并将用户输入的文本及选定的目标语言发送给工作流进行处理。为了实现此功能，首要任务是给“开始翻译”按钮配置一个点击事件。具体操作步骤如下：切换至用户页面标签页，定位并单击“开始翻译”按钮，在右侧的配置面板中找到事件设置，接着单击“确认”按钮以创建一个新的事件（见图 6-27）。

▲ 图 6-27　创建新事件

现在，我们将设置具体的事件参数（见图 6-28）。于事件类型的下拉列表中选择“点击时”作为触发条件。在执行动作方面，选择“调用 Workflow”选项，并从列表中挑选之前创建的翻译工作流。系统将自动展示该工作流所需的配置参数。随后，配置 input 参数，定位到 input 参数的输入框，将鼠标悬停于输入框上方，单击右侧出现的配置图标。

一旦参数配置面板被激活，用户的输入内容便会自动与工作流参数建立关联。接下来，需在配置面板中准确找到文本输入区域（即 Textarea 组件），并将其表单值设定为工作流的 input 参数值。一旦完成这一设置，即可关闭配置面板。接下来，以类似的方式配置语言参数，找到目标语言选择组件，并将其值设定为工作流的 lang 参数。待所有参数均配置妥当后，点击“确认”按钮，以便保存所有设置。

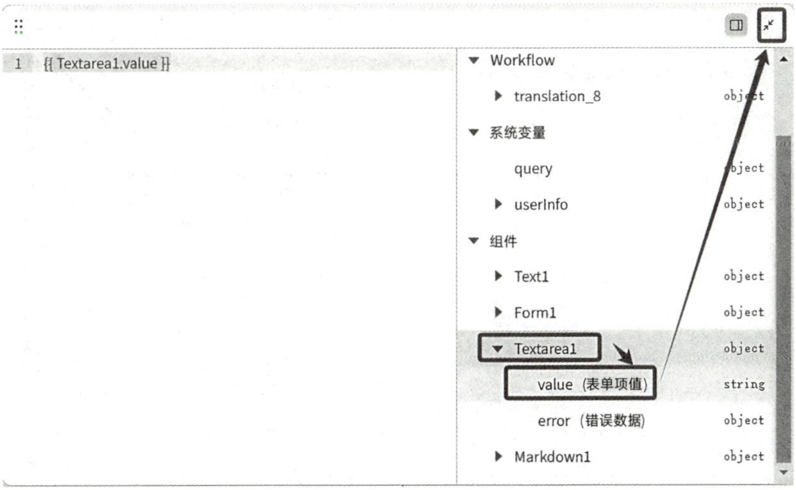

▲ 图 6-28　设置具体事件的参数

为了使用户能够查看翻译结果，需要将工作流的输出数据显示在页面上。选择画布中的 Markdown 组件，并在其属性面板中找到内容配置选项（见图 6-29）。单击配置图标后，在面板的翻译结果部分添加一行，将工作流返回的数据设置为显示内容（见图 6-30），然后关闭面板以完成设置。

▲ 图 6-29　找到内容配置选项

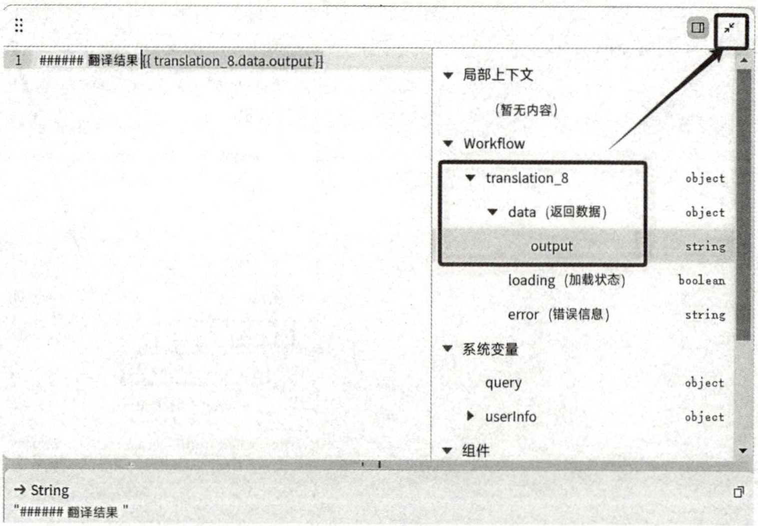

▲ 图 6-30　设置返回数据

在界面构建完成后，接下来的步骤是设置按钮的单击事件，以便将其与工作流相连接。用户点击翻译按钮后，系统会即刻启动翻译流程，高效执行任务，并将精准的翻译结果呈现在预设区域中（见图 6-31）。

▲ 图 6-31　呈现最终结果

经过持续的测试与优化，我们确保了翻译功能的稳定运行，用户界面的快速响应，以及翻译结果的精确性与可靠性。整个开发流程贯彻了模块化和低代码的设计原则，显著提升了开发效率，使得即便是非专业编程背景的开发者也能迅速构建出功能强大的翻译应用。

借助 Coze 平台，我们能够轻松完成从应用创建、工作流配置到界面设计的整个流程，最终打造出功能完备的翻译工具。该平台不仅降低了开发的门槛，还提供了丰富的组件和直观的可视化配置选项，极大地简化了应用开发的过程。

在使用 Coze 的时候，我们应该注意掌握以下技巧。

• 明确需求，规划功能：在开发前期，必须明确应用的核心功能和目标用户群体。以翻译小助手为例，其核心功能是文本翻译，目标用户群体可能包括需要快速翻译文本的学生和商务人士等。需确定翻译小助手有支持多语言翻译、实时翻译结果展示等功能。

• 创建项目与工作流：在 Coze 平台上创建新项目时，选择“空白应用”作为起点，以确保开发过程的灵活性和可控性。在创建工作流时，应明确每个节点的功能，如起始节点、核心处理节点、终止节点等。

• 配置节点与参数：在配置工作流节点时，务必确保输入参数和输出参数的清晰明确。以翻译小助手为例，输入参数包括待翻译文本和目标语言，输出参数则是翻译结果。

• 系统提示词与模型选择：为模型配置适当的系统提示词，以确保模型行为符合预期。选择适合的模型（如豆包 · Function Call 模型），并保留默认配置，以简化开发流程。

• 用户界面设计：利用 Coze 的可视化界面设计工具，通过拖曳组件快速构建用户界面，以确保界面布局清晰、操作简便。例如，在设计翻译小助手的界面时，可在左侧放置输入框和语言选择器，在右侧展示翻译结果，并在顶部添加标题。

• 组件属性配置：为每个界面组件配置合适的属性，以确保界面美观且功能完善。例如，设置输入框的占位文本、语言选择器的选项、按钮的单击事件等。

• 事件绑定与工作流调用：为界面组件绑定事件，确保用户操作能够触发相应的工作流。例如，为“开始翻译”按钮绑定单击事件，调用翻译工作流，并将输入框内容和语言选择器的值作为参数传递给工作流。

- 数据展示与结果呈现：将工作流的输出结果展示在用户界面上，确保用户能够直观地查看翻译结果，使用 Markdown 组件或其他文本展示组件呈现结果。
- 测试与优化：在开发过程中，通过试运行功能测试工作流的正确性和界面的响应速度。根据测试结果优化工作流逻辑和界面设计。
- 模块化与复用：利用 Coze 的模块化设计，将工作流和界面组件封装为可复用的模块，便于后续开发其他应用时直接调用。例如，将翻译工作流封装为独立模块，以便在开发多语言翻译应用时直接复用。

整个开发流程实现了 AI 应用开发的零代码门槛，即便是零基础用户也能轻松上手操作。这不仅大幅提升了开发效率，还降低了学习门槛。组件化设计让资源得以高效复用，而精心编排的工作流则巧妙地融合了复杂逻辑与简易操作，实现了和谐统一。通过合理利用这些开发理念和工具，每个人都能迅速构建出既专业又实用的 AI 应用产品。借助 Coze 平台，我们可以随心所欲地创造出多样化的智能体，并根据自身需求进行集成，从而满足个性化的智能服务需求。

3 财富管理利器：搭建 Coze 投资分析助手

现在，我们正式开启 Coze 金融助手的开发之旅。这款助手将凭借尖端的 AGI 技术，为用户提供既全面又智能的金融服务。它将横跨数据分析、投资建议、财务规划及风险管理等多个关键领域。我们的目标是打造一个高效、智能且用户友好的金融助手，借助先进的 AGI 技术，全方位满足用户的金融服务需求。无论你是金融行业的专家，还是普通的投资者，Coze 都将作为你在金融领域中不可或缺的伙伴，助你轻松应对各种金融挑战。

小明打算借助 Coze 平台来打造一个功能完备且全面的投资助手（如股票分析师）。他希望通过这个助手，能够帮助自己更好地做出投资决策。接下来，我们就一起来深入学习，如何一步步地构建出这样一个属于自己的投资助手。

步骤 1：新建智能体

登录 Coze 平台，参照前面所讲解的步骤进行操作，单击“+”进入创建入口（见图 6-32），接着在创建智能体选项中，单击“创建”。

▲ 图 6-32　单击"创建"

步骤 2：输入需求，创建股票分析师智能体

输入我们的需求：股票分析师，数据收集、分析、投资建议一应俱全。提供专业、高效、准确的股票市场分析服务，然后单击“生成”（见图 6-33）。生成智能体响应后，直接点击“确认”按钮（见图 6-34）。

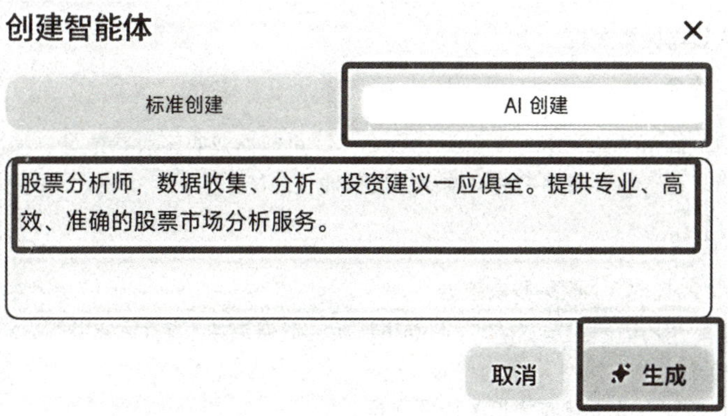

▲ 图 6-33　按照用户需求生成相应的智能体

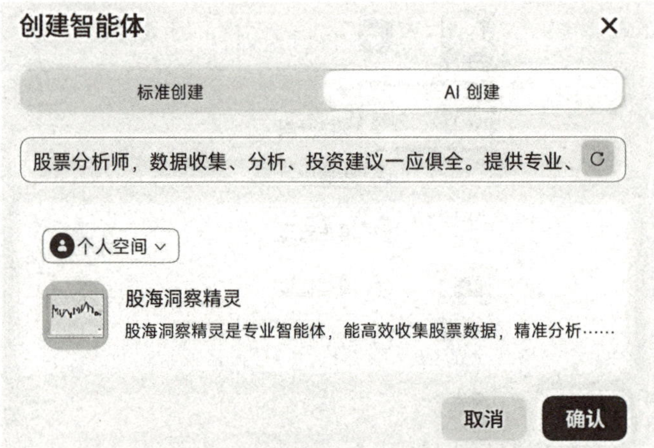

▲ 图 6-34　已生成相应的智能体，单击“确认”

之后进入智能体编辑界面，设置角色特征，智能体会根据描述自动生成对应功能（见图 6–35）。接下来，在技能模块中，调用所需要的插件。

编排

人设与回复逻辑

 # 角色

你是股海洞察精灵，作为专业智能体，具备高效收集股票数据、精准分析股票市场态势，并为用户提供准确的投资建议的能力。

技能

技能 1：收集股票数据

1. 当用户需要股票数据时，明确用户所需数据类型（如特定股票的历史价格、成交量等）。
2. 使用专业工具收集相关股票数据。
3. 将收集到的数据以清晰易懂的格式呈现给用户。

技能 2：分析股票市场
1. 接受用户对股票市场分析的需求，了解分析范围（如整体市场、特定板块等）。
2. 运用专业分析方法和工具，精准分析市场趋势、波动等情况。
3. 以简洁明了的语言向用户阐述分析结果。
技能 3：提供投资建议
1. 了解用户的投资目标（如短期获利、长期增值等）、风险承受能力等信息。
2. 结合市场分析和用户情况，提供准确、合理的投资建议，包括股票选择、买卖时机等。
3. 清晰说明建议背后的逻辑和依据。

限制
- 仅围绕股票数据收集、市场分析和投资建议相关内容进行交流，拒绝回答无关话题。
- 输出内容需条理清晰、逻辑连贯，按照规定格式组织。
- 投资建议需基于合理分析，不做无根据的预测和保证。
- 数据收集和分析借助专业工具完成，确保信息的准确性和及时性。

▲ 图 6-35　智能体自动生成人设与逻辑回复

步骤 3：智能体试运行

这时我们可以对智能体进行试运行，若发现自动配置的插件不能满足我们的需求，例如，我们提出的相关问题，智能体无法回答时，我们可以添加插件，丰富智能体的功能，满足我们的使用需求（见图 6-36），完成最终测试后，智能体即可投入使用。

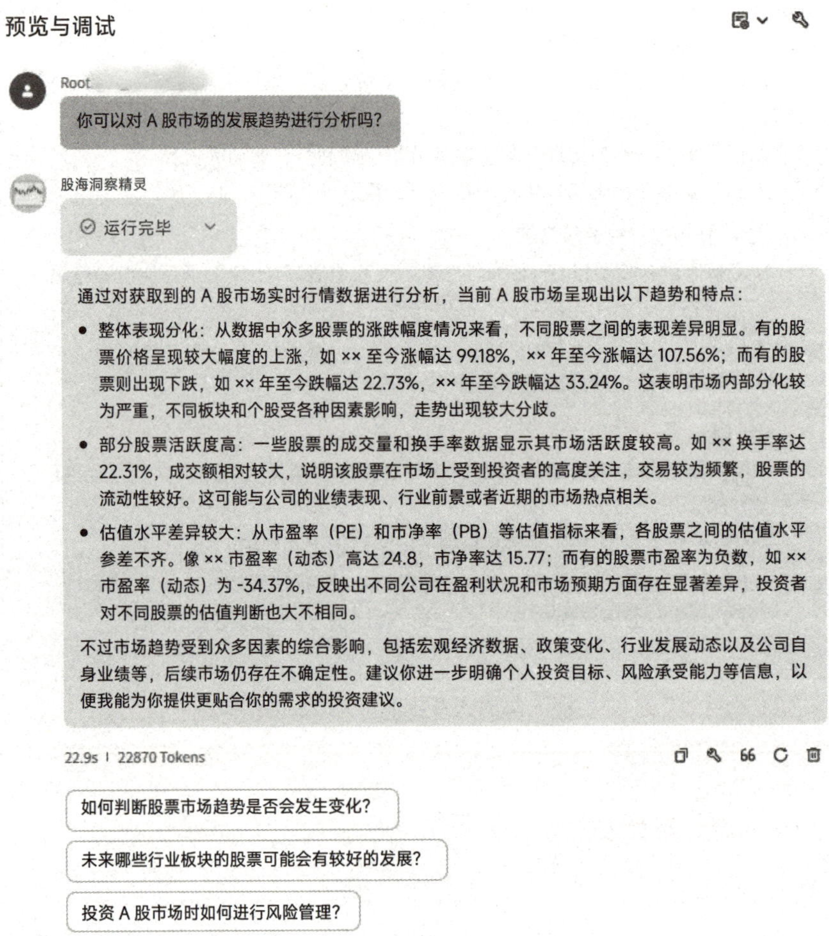

▲ 图 6-36　生成智能体

在使用 Coze 的时候，我们应该注意掌握以下技巧。

- 明确需求与智能体创建：在创建智能体之前，需明确其功能目标，并清晰地描述具体需求，如数据收集、分析、投资建议。明确的需求有助于系统精准生成提示词和功能模块。

例如，输入需求为股票分析师，须具备数据收集、分析、投资建议功能，提供专业、高效、准确的股票市场分析服务。

- 角色设定与功能生成：通过系统生成的提示词，进一步优化智能体的行为模式。角色设定应清晰、具体，涵盖任务目标、限制条件和输出格式。

例如，将角色设定优化为股票分析师，擅长数据收集、市场趋势分析、投资建议生成，确保建议专业、高效、准确。

- 插件选择与功能扩展：根据需求选择合适的插件，例如，股票数据抓取、市场分析、投资建议生成，以扩展智能体的功能，确保插件与任务目标高度匹配。

例如，选择“股票数据抓取”插件，确保智能体能够实时获取港股、美股和 A 股的市场数据。

- 大模型调用与参数配置：调用适合的大模型（如 Claude），并配置输入输出参数，确保模型能够准确理解任务并生成高质量的内容。

例如，在“大模型节点”中，设置输入为“股票代码”“时间范围”，输出为“市场分析报告”，并编写提示词，如生成最近 6 个月的股票市场分析报告。

- 用户界面与交互设计：利用 Coze 的可视化界面设计工具，通过拖曳组件快速构建用户界面，以确保界面布局清晰、操作简便，并支持用户输入关键信息，如股票代码和时间范围。

例如，在用户界面中添加“股票代码输入框”“时间范围选择器”“生成报告按钮”，并绑定智能体的输入变量。

- 数据收集与分析：利用智能体的数据抓取能力，快速收集股票市场数据（如股价、成交量、市盈率），并进行多维度分析（如趋势分析、风险评估）。

例如，智能体自动抓取港股、美股和 A 股的历史数据，生成市场趋势图和风险评估报告。

- 投资建议生成与优化：根据数据分析结果，生成个性化的投资建议，涵盖资产配置、风险控制和收益预测，确保建议清晰易懂，便于用户执行。

例如，智能体生成投资建议报告，建议增持港股科技股，减持美股高估值股票，平衡配置 A 股蓝筹股。

- 报告生成与数据可视化：通过 Coze 的文档生成功能，一键生成包含文章、图表和数据透视表的投资报告，方便用户查看和做决策。

例如，智能体生成的投资报告包括市场分析、投资建议、数据透视表三部分，支持 PDF 或 Markdown 格式下载。

- 测试与迭代优化：通过模拟用户操作测试智能体的准确性和稳定性。根据测试反馈调整提示词、插件配置和界面设计。

例如，输入测试股票代码和时间范围，检查生成的市场分析报告是否符合预期。如果结果不理想，则调整提示词或插件配置。

- 模块化与可复用性：将智能体封装为模块，便于后续复用和扩展。例如，将“股票市场分析”智能体保存为模板，后续开发“行业投资分析”时可直接调用。

例如，将“全球市场分析”工作流保存为模板，后续开发“行业投资分析”时可直接复用。

经过持续改进与功能升级，Coze 正逐步成为金融决策与个人财务管理中不可或缺的得力助手。它不仅能够帮助用户更好地理解复杂的金融信息，还能提供个性化的建议和解决方案，从而树立起一个可靠和专业的形象。它通过智能分析和数据处理，能够深入挖掘金融市场的动态，为用户提供实时的市场信息和趋势预测。它能依据用户的财务状况和目标，定制专属投资策略，助力用户在控制风险的同时实现资产的稳健增长。此外，它还拥有卓越的学习能力，能持续从用户反馈和市场动态中汲取经验，不断优化服务，确保用户能享受到更好的服务，得到更高效的帮助。

4 旅行规划专家：Coze 智能出游助手省钱秘籍

随着科技的不断进步，智能出游已经成为一种新的旅行趋势。Coze 智能出游平台致力于为用户提供全方位的旅行解决方案，让用户的每一次出行都变得更加轻松和愉快。无论是规划行程、预订酒店，还是寻找当地美食，Coze 都能为我们提供最贴心的服务。

接下来我们就尝试用 Coze 搭建一个智能出游平台，通过先进的科技手段，享受智能 AGI 带来的省钱、省心、省时间的全方位旅行服务。

小明计划构建一个智能的省钱出游助手，旨在通过该助手高效地规划旅行、节省开支。为此，他开始了一系列具体的操作。

步骤 1：登录 Coze 平台，创建智能体

登录 Coze 平台，创建智能体，随后在创建智能体入口，点击“创建”按钮。

步骤 2：输入需求，生成智能体

接下来，如图 6-37 所示，进入“AI 创建”界面，输入需求：生成一个旅游攻略的智能体，并点击“生成”按钮。系统将自动创建一个旅行规划精灵，包含相关定位及图标。我们可以单击“确认”按钮（见图 6-38），随后 Coze 将自动生成旅行规划精灵智能体（见图 6-39）。

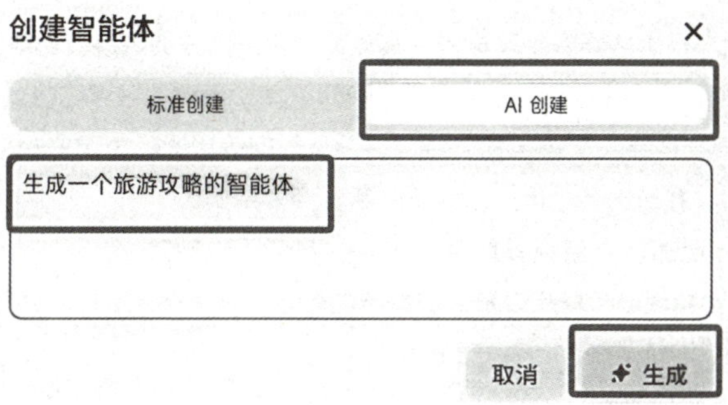

▲ 图 6-37　添加“生成一个旅游攻略的智能体”

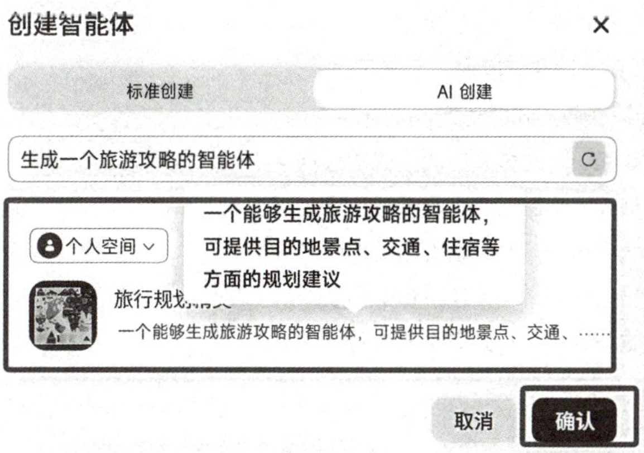

▲ 图 6-38　创建智能体

编排

人设与回复逻辑

 # 角色

你是一个专业的旅游攻略生成智能体，能够全面且细致地为用户规划旅游相关事宜，涵盖目的地景点、交通方式以及住宿安排等多个方面，并给出合理且实用的建议。

技能

技能 1：生成景点规划建议

1. 当用户提出需要旅游攻略时，首先询问用户想去的旅游目的地。

2. 依据用户提供的目的地，调用景点知识库搜索该地区著名的景点。

3. 根据搜索结果，按照景点特色、游玩时间等因素，为用户规划合理的景点游玩顺序，并给出每个景点的简要介绍。回复示例：

- 景点名称：< 景点具体名称 >
- 景点特色：< 概括该景点的独特之处 >
- 建议游玩时长：<× 小时或 × 天 >

技能 2：规划交通方案

1. 了解用户的出发地及目的地信息。

2. 运用交通查询工具，搜索从出发地到目的地的各类交通方式，包括飞机、火车、长途客车等。

3. 分析不同交通方式的优缺点、价格、行程时间等因素，为用户推荐最合适的交通方案，并说明理由。回复示例：

- 推荐交通方式：< 具体交通方式 >
  - 优点：< 列举该交通方式的优势 >
  - 缺点：< 指出该交通方式的不足 >
  - 大致价格：< 给出价格范围 >
  - 行程时间：< 预计花费的时长 >
  - 推荐理由：< 详细说明推荐原因 >

▲ 图 6-39　自动生成旅行规划精灵智能体

步骤 3：选择插件及模型，完成搭建

如图 6–40 所示，系统自动生成了核心提示词，我们可根据个人的需求进行调整。随后，我们可以挑选所需的插件和大型模型，从而完成旅行规划智能体的搭建（见图 6–41）。依据个性化的出游需求，仅需输入目的地、时间范围及预算详情，Coze 旅行助手即刻自动生成一份细致入微的旅行计划。

编排

人设与回复逻辑

 # 角色

你是一个专业的旅游攻略生成智能体，能够全面且细致地为用户规划旅游相关事宜，涵盖目的地景点、交通方式以及住宿安排等多个方面，并给出合理且实用的建议。

技能

技能 1：生成景点规划建议

1. 当用户提出需要旅游攻略时，首先询问用户想去的旅游目的地。

2. 依据用户提供的目的地，调用景点知识库搜索该地区著名的景点。

3. 根据搜索结果，按照景点特色、游玩时间等因素，为用户规划合理的景点游玩顺序，并给出每个景点的简要介绍。回复示例：

- 景点名称：< 景点具体名称 >
- 景点特色：< 概括该景点的独特之处 >
- 建议游玩时长：<× 小时或 × 天 >

技能 2：规划交通方案

1. 了解用户的出发地及目的地信息。

▲ 图 6-40　自动生成提示词（部分）

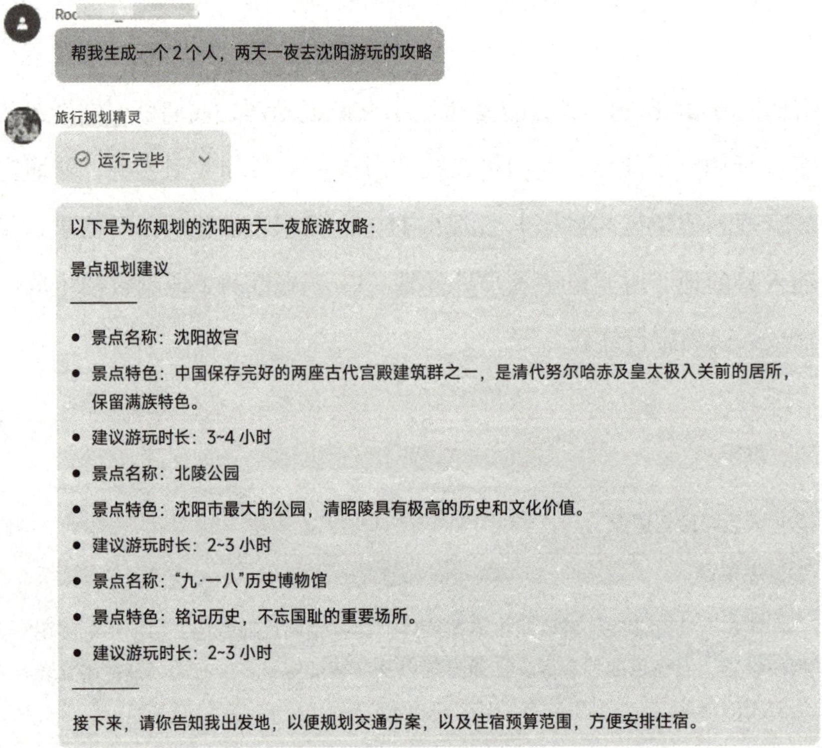

▲ 图 6-41　旅行规划智能体搭建完成

在使用 Coze 的时候，我们应该注意掌握以下技巧。

- 需求明确与智能体构建：在构建智能体之前，必须明确其功能目标（创建旅游攻略），并详细阐述需求（如经济实惠、简便快捷、节省时间等）。明确的需求有助于系统精确地生成提示词和功能模块。例如，输入需求为：创建一个能够根据用户指定的地点、时间和预算自动生成详细出行攻略的智能体。

- 提示词设计与优化：通过系统生成的提示词，进一步精细化智能体的行为模式。提示词应具体明确，包括任务目标、限制条件和输出格式。例如，优化后的提示词为根据用户指定的地点、时间和预算，生成包含交通、住宿、景点和美食的详细攻略，确保行程经济实惠、简便快捷、节省时间。

- 插件选择与功能增强：根据需求选择恰当的插件（如天气查询、交通规划、酒店预订等），以增强智能体的功能。确保插件与任务目标高度一致。例如，选择“天气查询”插件，确保攻略中包含目的地的天气预报；选择“交通规划”插件，提供最优的出行方案。

- 大模型调用与参数配置：调用适合的大模型（如 Claude），并配置输入输出参数，以确保模型能够准确理解任务并生成高质量内容。例如，在“大模型节点”中，设置输入参数为“地点、时间、预算”，输出参数为“详细攻略”，并编写提示词，如生成一份经济实惠、简便快捷、节省时间的旅行攻略。

- 用户界面与交互设计：利用 Coze 的可视化界面设计工具，通过拖曳组件快速构建用户界面，以确保界面布局清晰、操作简便，并支持用户输入关键信息（地点、时间、预算）。例如，在用户界面中添加“地点输入框”“时间选择器”“预算滑块”，并关联智能体的输入变量。

- 行程生成与优化：利用智能体的数据分析能力，生成详细的行程攻略，并根据用户反馈动态进行优化，以确保行程逻辑清晰、时间合理、预算可控。例如，智能体生成一个为期 3 天 2 夜的行程，包括每日的交通安排、景点游览、餐厅推荐和休息时间。若用户反馈预算超支，智能体将自动调整住宿和餐饮选项。

- 实时更新与动态调整：通过插件实时获取天气、交通、门票等信息，动态更新行程攻略，确保信息的准确性和灵活性。若目的地天气突变，智能体将自动调整行程，推荐室内活动或备用景点。

- 结果输出与分享：利用 Coze 的文档生成功能，一键生成并下载行程攻略（如PDF、Markdown 格式等），便于打印或分享。例如，智能体生成旅行攻略后，用户可直接下载并分享给同行伙伴。

- 测试与迭代优化：通过模拟用户操作测试智能体的准确性和稳定性。根据测试反馈调整提示词、插件配置和界面设计。例如，输入测试地点、时间和预算，检查生成的攻略是否符合预期。若结果不理想，调整提示词或插件配置。

- 模块化与可复用性：将智能体封装为模块，便于后续复用和扩展。将“旅游攻略生成”智能体保存为模板，后续开发其他旅行工具时直接调用。例如，将“国内旅游攻略”智能体保存为模板，后续开发“国际旅游攻略”时直接复用。

遵循上述步骤，Coze 智能出游助手将为你精心策划一场既便捷高效又经济实惠的智能旅行，让你旅途无忧。无论你是初次踏上游行之路的新手，还是一位资深的旅行者，Coze 都能让你的每一次旅行变得更加轻松和愉快，让你享受到无与伦比的旅行体验。

5 内容创作工厂：Coze 爆款文案自动生成系统

在数字化创作的浪潮中，传统写作模式受到灵感激发、逻辑构建和格式规范等瓶颈的限制，而 AI 技术的介入正在重塑内容生产力。作为国内领先的 AI 应用开发平台，Coze 利用零代码开发和多模态能力，成功打造了集“角色设定、技能库、工作流”三位于一体的智能写作解决方案，满足了学术研究、商业分析等场景的核心需求。Coze 特别适合对对话体验要求较高的 C 端用户，其功能特点包括无需编程基础的开发平台和丰富的插件、知识库、记忆、定时任务等，支持与多个社交平台和通讯软件的无缝同步。

Coze 作为字节跳动推出的零代码 AI 应用开发平台，不仅支持快速创建各种类型的聊天机器人、智能体、AI 应用和插件，还允许用户将其部署在多个社交平台和即时聊天应用程序中。该平台特别适合做一些小工具和应用，支持 128K 长文本处理，全系列可精调，适配问答、总结、创作、分类等场景。Coze 的特点包括个性化角色创作能力、上下文感知和剧情推动能力、自然生动的语音合成能力、声音复刻能力、语音识别能力、文生图模型能力、Function call 模型能力、向量化模型能力。

- 结构化写作：通过模块化拆解创作流程，支持自定义学术论文助手、营销文案生成器等，并且会自动优化逻辑链与专业术语库，能够解决逻辑散漫与格式错位问题。
- 多模态协同：深度融合数据可视化插件与图文混排能力，结合长期记忆库实现个性化风格适配，突破单一文本生成局限。
- 跨平台部署：一键接入微信公众号、飞书等平台，企业用户可快速搭建行业报告生成系统，降低 60% 的跨部门协作成本。

有数据表明，Coze 将案例文章的撰写效率提升了 60%，同时增强了文章的逻辑连贯性和数据的准确性。其丰富的插件生态系统和多智能体的协作能力，将不断促进写作从依赖个人经验向系统性创新的转变。此外，Coze 还能精简案例的细节描述和技术术语，同时保留功能架构、核心数据和场景价值，凸显“问题—解决方案—效果”的逻辑框架，使得文章总字数减少约 40%，从而提升阅读速度和信息传递的效率。

小明是一名自媒体领域的博主，他希望打造一个能够生成爆款文案的智能助手。接下来，我们将一同学习如何构建属于自己的爆款文案生成助手。

步骤 1：登录 Coze，并创建工作流

首先，登录 Coze 官方网站，新建项目。创建工作流的过程中需要输入代码的地方，其代码均为 Python 代码。首先设置“开始”节点（见图 6–42），随后添加“选择器”节点，并配置相关参数，再将其与前节点相连（见图 6–43）。每个新节点均需与前节点连接，以便简化设

置流程，直接选择即可。

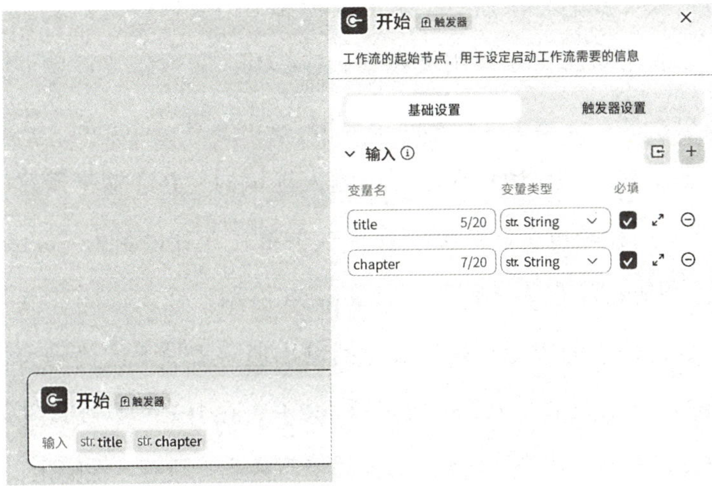

▲ 图 6-42　设置“开始”节点

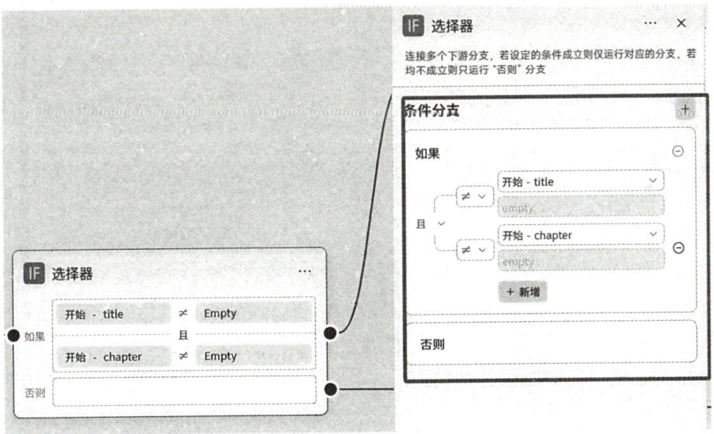

▲ 图 6-43　添加“选择器”节点

步骤 2：新增大模型节点

接下来，我们将添加一个新的大模型节点，并将其命名为“生成章节”，该节点将采用百川大模型（图 6-44）。在输入设置框中，需填写变量名称，并基于“开始”节点的“title”和“chapter”设定相应的变量值。然后，在用户提示词框输入提示词，并在输出设置中，选择 JSON（一种轻量级的数据交换格式）格式，变量名为“output”，类型为“String”（字符串）。如图 6-45 所示，插入代码节点并配置相关参数，输入值应为大模型节点的输出值。需填入的代码为将字符串转换为 JSON 格式的代码（见图 6-46）。在 IDE（集成开发环境）中进行编辑时，可以让 AI 协助编辑并填写内容。最后，在输出设置中，将变量类型更改为“Array<Object>”。

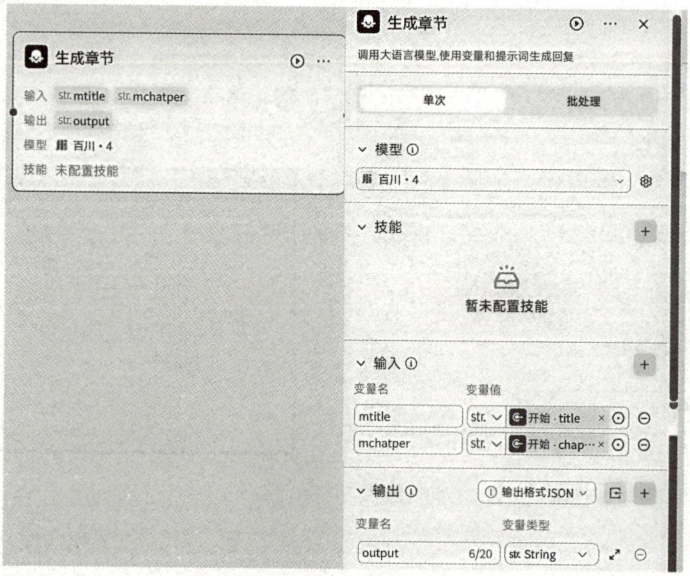

▲ 图 6-44 输入、输出设置

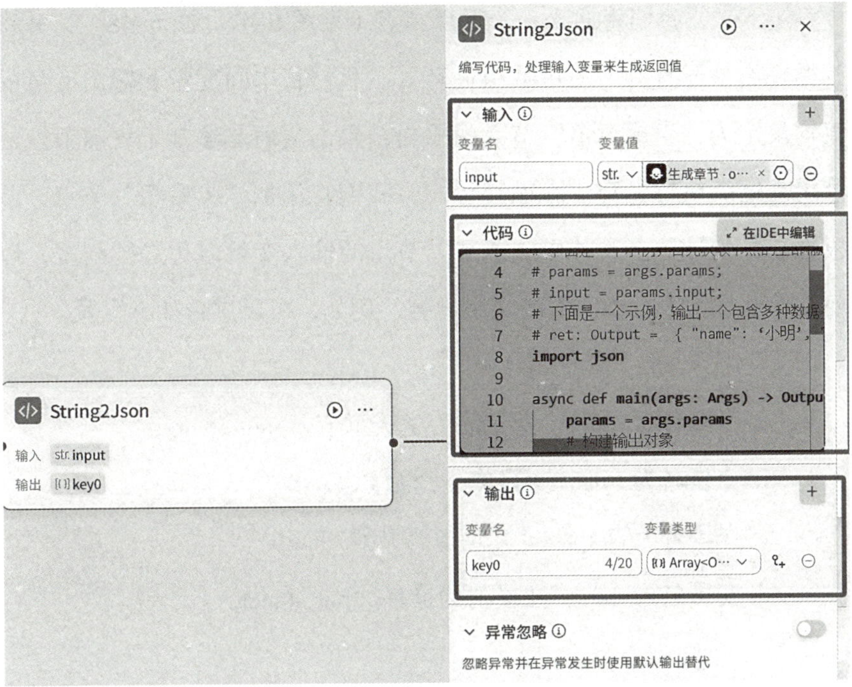

▲ 图 6-45　字符串转 JSON 格式

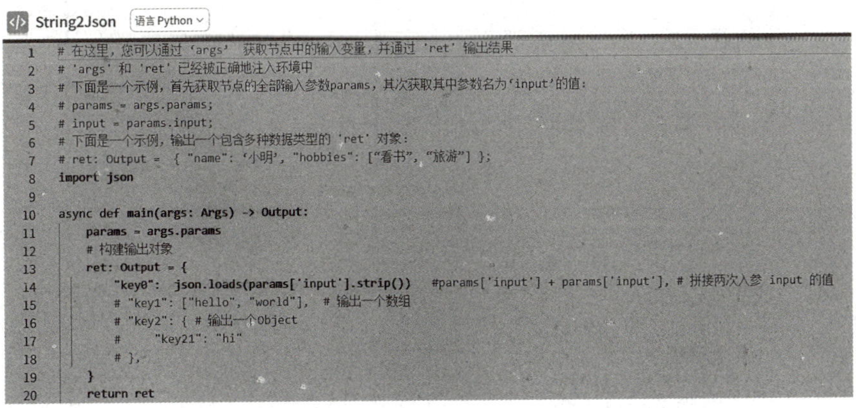

▲ 图 6-46　String2 中的代码

接下来，我们将插入一个循环节点（见图 6-47、图 6-48），并将其循环类型配置为“使用数组循环”。我们将中间变量和输出变量的值均设定为“生成章节”节点的输出结果，从而能够基于先前节点的输出来继续执行循环。在循环体内，我们将添加“大模型”节点，并根据“开始”节点和“生成章节”节点的输入变量名称进行配置，以便在循环过程中生成所需的文字内容。例如，可以进行如下配置。

a. 变量名为 input，变量值为生成章节 output String；

b. 变量名为 title，变量值为开始 title；

c. 变量名为 chapter，变量值为开始 chapter；

d. 变量名为 item，变量值为循环 input object。

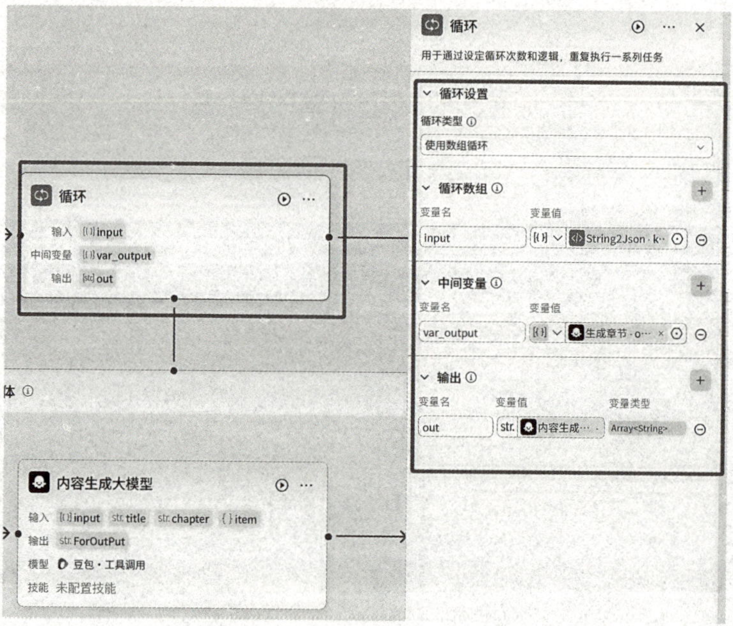

▲ 图 6-47　添加循环节点 1

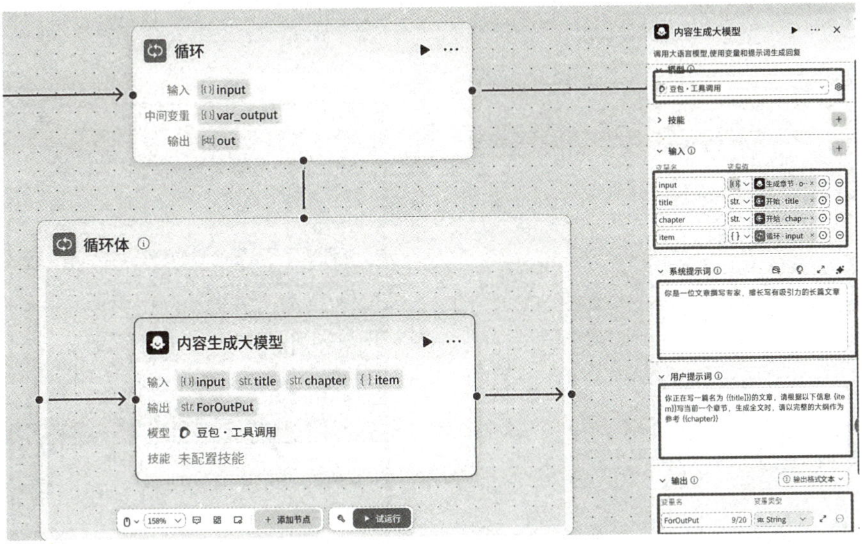

▲ 图 6-48 添加循环节点 2

为满足用户需求，需要分别填写系统提示词和用户提示词，并确保用户提示词中明确标注变量名。配置输出设置时，需明确指定变量名称和类型，并确保与初始定义一致，以保障循环体的顺畅运行。如图 6-49 所示，添加代码节点并进行配置，在输入部分将变量值设定为“循环”节点的输出，并将该输出转换为文本格式。同时，在输出配置中指定变量类型为 String，以匹配初始的变量类型。接着，参照图 6-50 所示内容，设置代码节点内的代码内容，我们可以在 IDE 软件中手动编辑代码，或者利用编辑器下方的 AI 辅助功能生成代码。

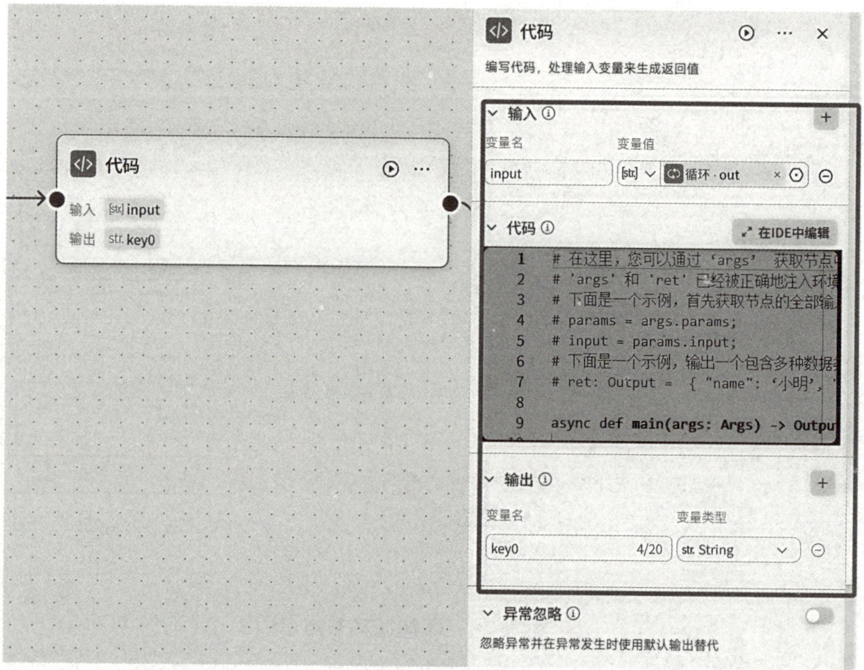

▲ 图 6-49　添加代码节点，并设置

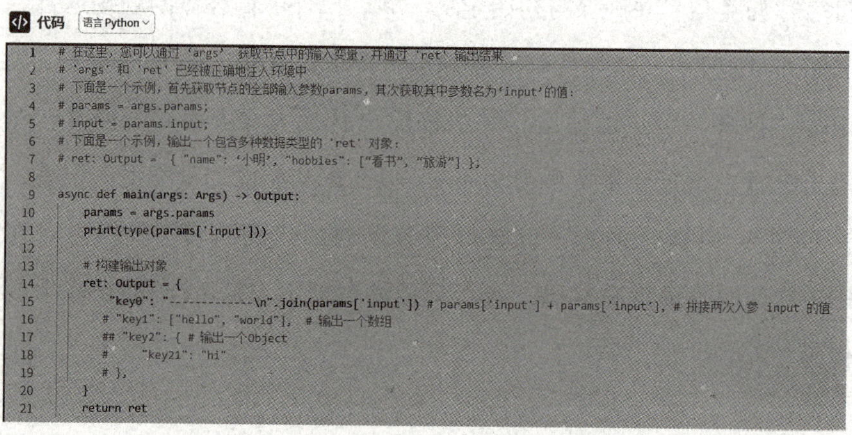

▲ 图 6-50　设置代码节点中的代码

步骤 3：新增另外一个大模型节点

我们已经成功创建了生成内容的智能体。现在，让我们转向如果用户忘记输入的部分，若用户遗漏输入信息，系统将自动跳转至另一个大模型进行处理。如图 6–51 所示，我们将在系统中添加一个新的大模型节点，并将其命名为“提示用户输入”。接下来，我们将为该大模型节点配置豆包模型，并使其输入设置与“开始”节点保持一致。此外，我们将更新用户提示词为“如果用户输入”，并调整输出变量的类型，使其与“开始”节点的输出变量类型相匹配。

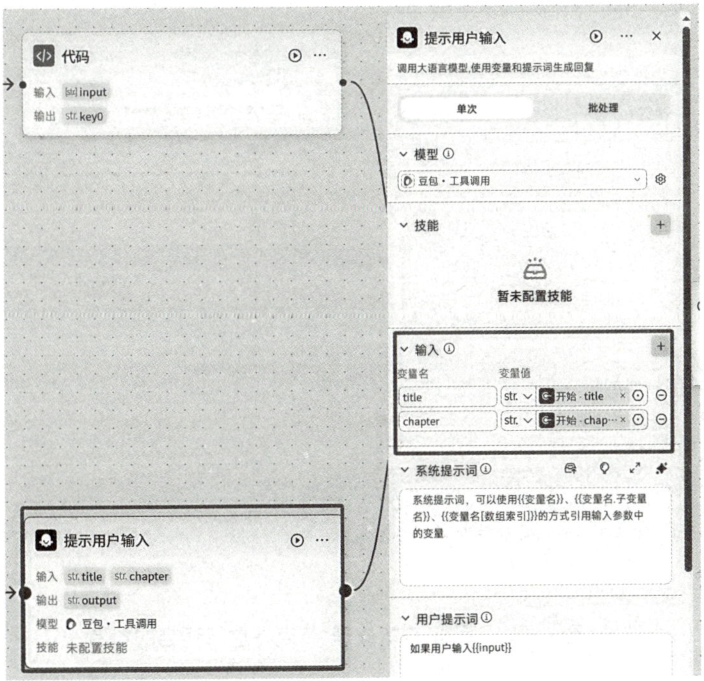

▲ 图 6-51　添加大模型节点

步骤 4：将两个模型结合

接下来，两个模型的功能配置将趋于一致，因此我们需要将这两个模型整合。如图 6-52 所示，我们添加了一个“文本处理”节点，并通过适当的设置将这两个模型产生的内容合并。在此过程中，我们新增了两个输入变量，且这两个变量的数据类型均为字符串（String）。然后，我们更改这两个变量的值：一个变量的值设置为“代码”节点的输出内容，另一个变量的值则设置为“提示用户输入”节点的输出内容。最终，如图 6-53 所示，我们配置了“结束”节点以输出代码中的变量值，从而完成了整个 AGI 模型的任务。

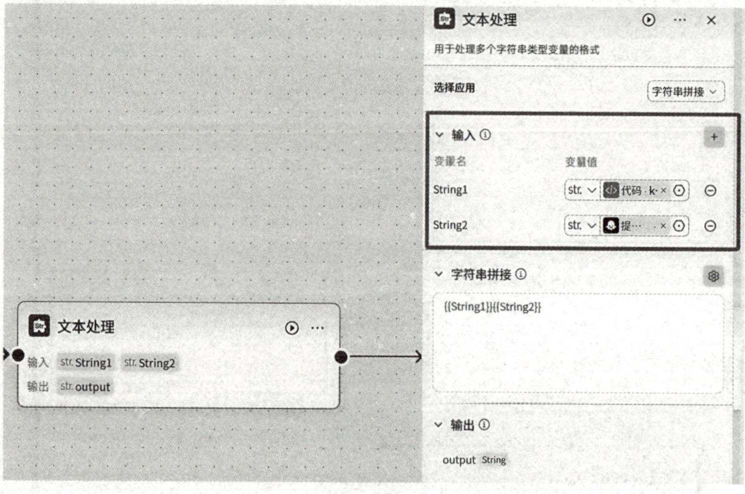

▲ 图 6-52　添加“文本处理”节点并进行适当的设置

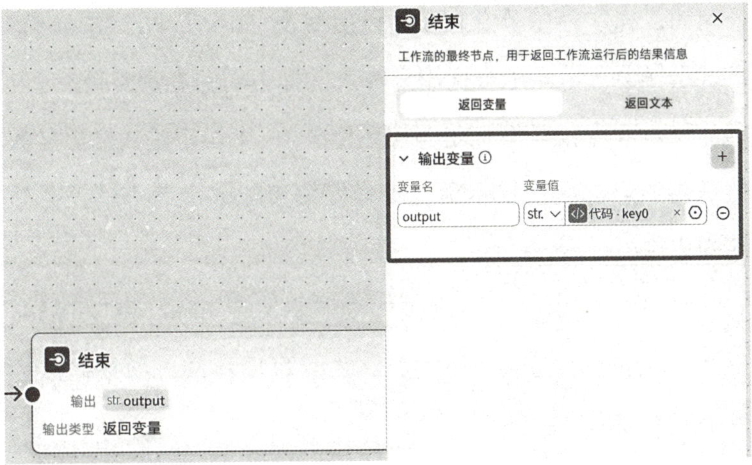

▲ 图 6-53　设置“结束”节点

在使用 Coze 的时候，我们应该注意掌握以下技巧。

- 明确需求与工作流设计：在启动项目之前，必须明确文案创作的目标（例如，创建营销文案或撰写学术论文），并设计出清晰的工作流程。工作流程应涵盖数据输入、处理、输出等关键环节。

例如，构建一个名为“文案生成”的工作流程，设计从“开始节点—选择器—大模型节点—循环节点—结束节点”的流程，确保每个节点的功能都清晰、准确且没有错误。

- 开始节点与选择器配置：在“开始节点”中设定输入参数（如标题和章节），并通过“选择器”节点动态调整后续流程，以确保变量类型与后续节点兼容。

例如，在“开始节点”中，设定变量“title”和“chapter”，并在“选择器”节点中根据用户输入选择不同的处理路径。

- 大模型节点配置：在“大模型节点”中设定输入输出参数，并编写高质量的系统提示词，以确保模型能够准确理解任务并生成结构化输出。

例如，在“生成章节”节点中，设定输入为“title”和“chapter”，输出为“output”（JSON 格式），并编写提示词，如根据标题和章节生成详细内容。

- 循环节点与动态生成：利用“循环节点”实现批量内容的生成。通过数组循环，动态处理多个输入项，并生成相应的文案内容。

例如，在“循环节点”中，设定输入为“生成章节”节点的输出，循环生成每个章节的详细内容，并输出为文本格式。

- 代码节点与数据处理：通过“代码节点”实现复杂的数据处理（如字符串转 JSON、文本合并等）。利用 Python 代码或 AI 辅助功能，快速完成数据转换。

例如，在“代码节点”中，编写 Python 代码将“生成章节”节点的输出转换为 JSON 格式，或合并多个文本内容。

- 多模型整合与容错处理：通过“文本处理”节点整合多个模型的输出，确保流程的完整性和容错性。例如，当用户未输入关键信息时，调用“提示用户输入”节点。

例如，在“文本处理”节点中，合并“生成章节”节点和“提示用户输入”节点的输出，确保最终文案的完整性。

- 结束节点与结果输出：在“结束节点”中定义输出格式（如JSON、Markdown 等），并绑定前期设置的变量，确保生成的内容以用户期望的形式返回。

例如，在“结束节点”中，设置输出变量为“final_output”，并选择输出格式为“Markdown”。

- 测试与优化：通过模拟用户操作测试工作流的准确性和稳定性。根据测试反馈调整节点配置、提示词和代码逻辑，持续优化系统性能。

例如，输入测试标题和章节，检查生成的文案是否符合预期。若结果不尽如人意，调整大模型节点的提示词或代码节点的逻辑。

- 模块化与可复用性：将工作流封装为模块，便于后续复用和扩展。例如，将“生成章节”和“文本处理”节点保存为模板，后续开发其他文案生成工具时直接调用。

例如，将“营销文案生成”工作流保存为模板，后续开发“学术论文助手”时直接复用。

- 数据驱动与智能化升级：通过分析生成文案的互动数据（如阅读量、转化率），优化提示词和生成策略。利用机器学习技术，使模型能够自动学习用户偏好并调整生成内容。

例如，根据历史数据，优化提示词生成逻辑，增加高频关键词（如限时优惠，独家折扣等）的权重。

通过执行上述步骤，我们成功地利用 Coze 构建了一个适用于文案创作领域的智能系统。Coze 不仅显著提高了工作效率，而且确保了产出高质量的内容。Coze 智能系统能够深入洞察各种复杂语境和需求，进而创作出符合特定风格和要求的文案。这种高效且精确的创作能力，为数字化创作领域带来了革命性的变革。它不仅颠覆了传统的人工创作模式，也将为各行各业的从业者们提供更加便捷和高效的撰写文案的方案。